Claudia Schreiber · Goldregenrausch

CLAUDIA SCHREIBER

GOLD REGEN RAUSCH

ROMAN

KEIN & ABER

Ebenfalls von Claudia Schreiber:
Süß wie Schattenmorellen

Covergestaltung: Maurice Ettlin
Satz: Fotosatz Amann, Memmingen
Druck und Bindung: CPI – Ebner & Spiegel, Ulm
ISBN: 978-3-0369-5783-8
Auch als eBook erhältlich

www.keinundaber.ch

Für Alma, meine Tante und Gärtnerin
(1923–1997)

1

Es flutschte, so beschrieb später die Mutter Maries Geburt. Bis zum Mittag hatte sie noch auf dem Feld gestanden, gemeinsam mit den anderen Frauen, die beim Hacken halfen. Sie hatte dieses charakteristische Ziehen schon in der Nacht deutlich gespürt. Deswegen daheim im Bett zu bleiben kam nicht infrage. Nun stützte sie sich bei jeder Wehe auf ihre Hacke und war froh, dass es endlich so weit war. Die letzten Wochen hatte sie schlecht geschlafen, der Rücken tat ihr höllisch weh, sie war behäbig geworden. Der Bauchumfang machte ihr zu schaffen, sie hoffte, das Kind bald loszuwerden. Die Beine waren angeschwollen, jeder Schritt so schwer. Die Gebärmutter drückte mächtig auf die Blase, alle naselang musste sie pullern. Wenn sie auf dem Feld war, hockte sie sich ohne große Umstände in eine Furche, man war ja unter sich.

Aufkommende Wehen waren kein Grund, die Arbeit zu beenden, im Gegenteil, es tat ihr gut, sich zu betätigen. Gebären war der Bäuerin so selbstverständlich wie Saat und Ernte, Tag und Nacht. Es war das fünfte Kind, das sich ankündigte, danach war endgültig Schluss, darauf konnte sich ihr Mann gefasst machen.

Wieder eine Wehe, sie atmete mit, spürte die frische Frühjahrsluft. Schaute in die Weite, hörte die Vögel am Himmel zwitschern oder in den Büschen. Sie stöhnte nun herzzerreißend auf, jetzt tat es doch weh! Einige der hackenden Frauen warfen ihr Blicke zu, nickten aufmunternd: Es geht los.

Ihr ganzes Dasein schien wie diese Wehen zu sein, aufkommender Schmerz und abklingendes Leid in gleichmäßigem Rhythmus. Die ständige Plage mit dem Unkraut und die Freude an der Ernte, wenn nichts dazwischenkam. Der gesellige Wochenmarkt an jedem Mittwoch und Samstag, und alle paar Jahre entweder sehr gute Erträge oder ein vermaledeiter Hagelschlag, der die Ernte zerstörte. Schlimmer noch ein zu warmer März und ein zu kalter April, wenn der Fruchtansatz erfror und man wusste, dass man ein ganzes Jahr kaum was verdienen würde, und die Buben einem dennoch die Haare vom Kopf fressen.

Ostern, Geburtstage, Weihnachten, dazwischen ein paar Schwangerschaften zum Verschnaufen. Jung und frisch war sie mal gewesen, hatte mit siebzehn ausgesehen wie Romy Schneider! Das haben alle gesagt, wie die Sissi hat sie damals ausgeschaut. Dann diesen Bauern geheiratet, und im Nu war sie Mutter von vier Söhnen geworden. Nun kündigte sich ein Mädchen an, die Hebamme betrachtete sie inzwischen als Spätgebärende. Ihre Tage hatten schon mal ausgesetzt, und in eine dieser Lücken hatte sich das Kleine gemogelt. Die Mutter ahnte, dass sich mit dem letzten Kind alles verändern würde, von jetzt an wird sie alt werden, die Haare grau, irgendwann wandert sie in die Kiste, ohne es zu merken. Wird nicht mal

Abschied nehmen können, wahrscheinlich mit dem Auto vor einen Baum knallen, bei ihrer Fahrweise. Oder bekommt Angina Pectoris, wie beinahe jeder im Dorf. Gegen die Risiken tat hier niemand was. Fettarmes Essen war lächerlich, Joggen war lächerlich, das war die einhellige Meinung in dieser Gegend.

War das ihr Leben gewesen, da auf dem Feld, die Hacke in der Hand, im Wochenbett, in der Küche jeden Tag? Braten am Sonntag, Mittwoch Mehlspeise, Verkehr meist Samstag. Wenn sie zurückblickte, kam es ihr vor, als würde sie in einem sehr persönlichen Fotoalbum blättern: Die Wäscheleine mit den flatternden Laken. Das Bügeleisen. In der Kur im Harz. Der Sturz vom Fahrrad. Ihr Mann hatte eine andere geküsst, und sie hatte so heftig geschluchzt vor Eifersucht. Es war etwas zurückgeblieben, ein Riss zwischen den Eheleuten, die Fröhlichkeit war fort. Heute ist er ihr beinahe egal.

Das war jetzt ihr Leben: Eine einzige Plage, keine Lust mehr, außer an Sahnetorten bei Geburtstagen, ein Likörchen hinterher oder zwei, ansonsten keine Abwechslung. Wenn er ihr einen Wunsch erfüllen möge, dann lieber Gott, so betete die hochschwangere Bäuerin auf dem Feld, dann bitte mal eine Überraschung.

Eine neue Wehe, stärker nun, sie zählte die Abstände, es wurde Zeit. Die Bäuerin ließ die Hacke im Feld, eine der Frauen würde sie nach Hause tragen. Ging bedächtig die zwei Kilometer zu Fuß; es gab keine bessere Art, eine Geburt zu beschleunigen. Auf halber Strecke doch ein herber Schmerz, es schoss ihr regelrecht in den Rücken. Sie bekreuzigte sich, obwohl sie evangelisch war, aber die Geste hatte sie sich irgendwann angewöhnt: »Ein für alle

Mal, nie wieder.« Das fünfte Kind hatte sich in ihr Leben gemogelt, ein Nesthäkchen, das eigentlich keiner mehr erwartet hatte.

Daheim kochte sie noch das Abendessen für die Meute, obgleich die Abstände zwischen den Wehen immer kürzer wurden. Rührte am Herd in den Töpfen, stützte sich auf, wenn eine Wehe kam. Wartete ab, atmete durch und rührte weiter, wenn die Wehe ging. Derweil prügelten sich die vier Brüder um die Würstchen in der Linsensuppe, als sei eine Hungersnot vorausgesagt. Der Vater schlug mit der flachen Hand auf den Tisch, forderte laut brüllend Ruhe. Als die Mutter den leeren Krug nahm, um ihn mit Milch aufzufüllen, platzte ihre Fruchtblase. Sie ging vor Schreck in die Knie, unter ihr ergoss es sich. Die Jungen lachten ihre Mutter aus, sie habe wohl in die Hose gepullert, sie zeigten mit den Fingern auf sie und kriegten sich nicht mehr ein. Der Vater verteilte Backpfeifen in alle Richtungen, schickte die Bande hinaus auf die Straße, brachte seine Frau hoch in ihr Schlafzimmer und rief die Hebamme an, es gehe los. Er hielt seine Frau im Arm: »Du machst das schon. Du hast das immer gut gemacht.« Sie schrie auf, ein plötzliches Stechen. Ihr Mann streichelte sie hektisch, schwitzend und sorgenvoll: »Wie du das immer hinkriegst, allerhand. Warte um Himmels willen mit dem Kinderkriegen, bis die Hebamme da ist, ich kann kein Blut sehen, das weißt du doch! Mach mir bloß keinen Kummer.«

Was ihr Mann da von sich gab, half ihr nicht: »Lass mich in Ruh! Koch mir einen Tee.«

Erleichtert floh er aus dem Zimmer, Teekochen war was Handfestes. Da brauchte man nichts sagen. Er sagte nicht gern was, seine Frau bekam sowieso alles in den falschen Hals. Die Gebärende hörte vom Bett aus ihre Jungen, wie sie auf der Straße Fußball spielten. Dazwischen vernahm sie das Kläffen der Straßenhunde, die den Ball beißen wollten. Hündinnen warfen gleich eine Handvoll oder mehr Kleine und jaulten kaum dabei, die Welpen plumpsten beinahe wie von selbst heraus. Fische hatten überhaupt keine Not beim Kinderkriegen, die kannten nicht mal ihre Brut. Bei Kühen musste man die Kleinen mit dem Strick holen, bei den Fohlen auch. Und sie? Es wird flutschen, das wusste sie, sie war ein Naturtalent, brauchte bloß warten, bis es so weit ist. Gut atmen. Dann pressen, kurzer schwerer Schmerz, und geboren ist das Kind.

Endlich traf die Hebamme ein, der Vater zog sich ins Wohnzimmer zurück, setzte sich mit einem Bier vor den Fernseher und dachte an nichts. Das Erste zeigte eine tickende Uhr, fünf, vier, drei, zwei, eins: Die Melodie der *Tagesschau* erklang: »Hier ist das Erste Deutsche Fernsehen mit der Tagesschau. Guten Abend, meine Damen und Herren. Auf einem Tennisplatz in Hamburg hat ein psychisch gestörter Mann die Tennis-Weltranglistenerste Monica Seles mit einem Messer angegriffen und verletzt. Seles hatte gegen Magdalena Maleewa gespielt.« Danach folgte ein Spielfilm. Die Buben schliefen endlich. Später würde der Vater einer Tante am Telefon berichten, dass es kurz nach dreiundzwanzig Uhr mit der Sache ordentlich losgegangen sei, das Geschrei sei unerträglich gewesen. Die Buben sind davon aufgewacht, und er sollte erklären, was da los war: »Fragt eure Mutter.«

»Aber die schreit doch so schrecklich.«

»Fragt sie morgen, oder nächste Woche. Raus jetzt!«

»Lebt sie dann noch?«

»Die schafft das schon. Meistens geht so was gut.«

Das tröstete wenig, die Jungen verschwanden bang.

Der Vater blieb vor dem Fernseher sitzen, rauchte Kette, Ernte 23, und wartete auf seinen lächerlichen Part. Er ging nicht zu seiner Frau, um sie zu trösten, das tat ein Bauer nicht. Oder gar das Kind da rauszuziehen, um Himmels willen, das vertrug er nicht. Es reichte ihm schon, wenn man das bei den Kälbchen machen musste, ihm wurde immerzu übel dabei. Außerdem war seine Frau geübt in Geburten, da brauchte er sich keine ernsthaften Sorgen zu machen. Wenngleich ihr elendes Jammern ihm doch leidtat. Was für ein Glück, ein Mann zu sein. Niemals hätte er an ihrer Stelle ein zweites Kind bekommen, geschweige denn fünf. Frauen mussten dumm sein, das war ganz klar, das Kinderkriegen war der Beweis. Ein Mann, der so was einmal durchgemacht hatte, würde es niemals wiederholen. Mütter hingegen hatten ein miserables Gedächtnis und kriegten wieder und wieder was Kleines, obwohl sie so litten dabei. Die Menschheit wäre längst ausgestorben, wenn die Frauen sich besser erinnern könnten. Unterdessen war das Geschrei im Schlafzimmer fürchterlich, er stellte den Ton am Fernseher lauter, nur so war das auszuhalten.

Kurz vor Mitternacht wurde es ein letztes Mal laut, danach war endlich Ruhe, gleich darauf ein stockendes Krähen. Die Hebamme kam später die Treppe hinunter und verkündete: »Mutter und Kind wohlauf. Herzlichen Glückwunsch, Herr Lenz.«

Der Vater nickte.

»Freuen Sie sich?«

»Joo«, murmelte er.

»3100 Gramm, 51 Zentimeter. Endlich mal ein Mädchen!«

Der Vater nickte: »Wusst ich schon, Ultraschall. Ein Mädchen hatten wir auch noch nicht.«

Er ging hoch ins Schlafzimmer, umarmte seine Frau, lobte sie: »Du bist eine tapfere Frau, Liebchen.«

Die Uhrzeit wurde für das Standesamt notiert und ansonsten vergessen. Das Sternbild des Neugeborenen interessierte hier niemanden, die Zukunft des Mädchens war eh klar: Feldarbeit mit Hacke, Wochenmarkt, heiraten und es flutschen lassen.

Die Hebamme versorgte Mutter und Kind, später stellte sie dem Mann einen Eimer hin, in dem die Nachgeburt samt Nabelschnurresten lag. Der Bauer nahm das glitschige Zeug wortlos an sich, ging noch in der Nacht damit in den Geräteschuppen, griff zum Spaten, schaltete seinen Handscheinwerfer ein, um sich orientieren zu können, und vergrub schließlich das menschliche Gewebe nebenan im Garten seiner Schwester, zwischen Goldregen und Ligusterhecke. Der Lichtkegel tanzte im Rhythmus seiner Bewegungen, der Strahl reichte weit bis in den Himmel. Greta stand hinter der Gardine, beobachtete ihren Bruder und schüttelte den Kopf. Die beiden würden sich wieder nicht um ihr Kind kümmern, sie kriegten ständig welche, wussten aber nach der Geburt nichts mit ihnen anzufangen. Erst als Arbeitskraft wurden die Kinder für die Eltern interessant.

Der Vater hatte das Erdloch inzwischen ausgehoben, schüttete die Plazenta hinein und warf ein paar Schippen darüber. Später wird der Menschenrest mit irgendeinem botanischen Gewächs gemeinsam Wurzeln schlagen, stellte sich Greta vor. Eine Kreuzung aus Mensch und Buche oder Löwenzahn. Es belebte die Erde, machte die Welt womöglich menschlicher und vielleicht ein wenig klüger als die normalen braunen Brocken. Der Garten war voll von Nachgeburten dieser Familie, ganze Generationen davon lagen hier begraben.

Der Bruder hätte seiner Schwester Bescheid geben können. Bei ihr klopfen. Berichten. Wieder Vater geworden. Mutter wohlauf. Mädchen bekommen, gesund, alles dran. Hätte mit ihr anstoßen können auf das Glück der Familie, auf das Neugeborene. Doch in dieser Familie vertrug man sich nicht, die Geschwister sprachen kaum miteinander. Sie hielt ihn für gefühlskalt, er sie für zurückgeblieben. Er beleidigte sie beispiellos. Witzelte etwa vor den Leuten, ihr Vater habe nach Gretas Geburt versehentlich ihren Körper im Garten vergraben und stattdessen deren Nachgeburt großgezogen. Deshalb sei sie nicht ganz dicht.

»Balla-balla! Verstehnse? Kann nicht mal ordentlich Sätze sprechen, Worte jetzt hinternander, ne.«

Als der Vater weit nach Mitternacht seine letzte Zigarette geraucht und sich selbst mehrfach mit Schnaps zur Tochter gratuliert hatte, kam er ins Grübeln. Da mutet die Natur einem neuen Menschen das Leben zu, ohne zu ahnen, ob es eine Qual werden wird oder pure Freude; für sich selbst, aber auch für die ganze Familie. Wäre jetzt beispielsweise eine Kartoffel geboren, dann wäre und bliebe sie eine Kartoffel. Könnte bei zu viel Nässe verfaulen oder bei zu trockenem Boden schrumpeln. Oder gedeihen, wenn der Bauer Glück hatte. Spendete neue Knollen, mal mehr, mal weniger. Machte aber mit Sicherheit keinen Realschulabschluss. Noch einen Schnaps, auf das Kind, es soll leben!

Ziel eines Kartoffellebens war es, von irgendwem gekauft und dann verspeist zu werden. Oder als Pflanzkartoffel neues Leben zu spenden. Die Knolle wurzelte und vermehrte sich. Bei den Menschen schien das nicht viel anders zu sein. Er hatte mal ein Bild gesehen, irgendein Kitsch in der Zeitschrift beim Zahnarzt, da ruhten die Seelen in so einer Art Teich mit Seerosen und warteten auf die Menschwerdung. Wie groß war der Unterschied? Er selbst hätte womöglich auch als Kartoffel auf die Welt kommen können – seine Nase sah schon mal entsprechend aus. Wer bestimmte, als was man geboren wird, fragte er sich weiter. Kartoffel oder Bauer? Und wenn schon als Mensch, dann als Krone der Schöpfung wie Einstein oder als Dummbeutel? Wer entschied, wo wer hinkam und als was? Weiblich oder männlich, gut oder böse, BVB oder Schalke. Das waren Fragen, die auch die Pfarrerin nicht beantworten konnte. Vielleicht hätte die Seele des Kindes nur Minuten später mit viel Glück ein bayrisches Ärztepaar als Eltern erwischt, das sie mit Pferdereiten und Hockeyspiel verwöhnte, oder eine fröhliche iranische Großfamilie in Isfahan, mit der sie das Zuckerfest hätte feiern können, streng verschleiert, aber innig. So aber landete Marie ausgerechnet bei Bauern aus Südniedersachsen. Wer war dafür verantwortlich? Gott? Gab es mehrere davon oder nur einen für alle Religionen? Ach, dachte er, es wird Zeit, eine Mütze Schlaf zu nehmen. Das Neugeborene wird er sich morgen anschauen, Kinder sehen eh alle gleich aus. Mit diesen Gedanken schlief er friedlich ein.

Beim Stillen flutschte es bei Marie ganz und gar nicht, das Gegenteil war der Fall. Das Kind lief beim ersten Schluck blau an und atmete nicht mehr. Die Hebamme packte es kopfüber und klopfte ihm kräftig auf den Rücken. Die kleine Marie würgte, lief erst rot und dann wieder blau an, schnappte endlich nach bangem Warten und weiteren Schlägen der Hebamme zwischen die winzigen Schultern nach Luft. Das Würmchen hätte sicher eine erste kleine Pause im Leben gebrauchen können. Doch die Frauen zögerten nicht, es noch mal zu versuchen. Marie wurde also wieder angelegt, sie trank, würgte, lief blau an, wurde erneut heftig geklopft, schnappte nach Luft, ruhte nur kurz, und weiter gings, ein ums andere Mal, schlucken und würgen. Es klappte einfach nicht, alle waren müde, das Baby sichtlich erschöpft. Es war sehr spät geworden in dieser Nacht, man ging unverrichteter Dinge ins Bett.

Die Hebamme hatte kaum Zeit zu schlafen, um sieben Uhr sollte dem Vater das Spektakel vorgeführt werden, damit er Bescheid wusste. Marie wurde wieder an die Brust ihrer Mutter gelegt, trank, lief natürlich blau an und wurde schließlich von der Hebamme mit heftigem Klopfen gerettet. Alle drei Anwesenden waren ratlos. Der besorgte Vater griff zum Telefon, bat die Pfarrersfrau zu kommen, sie wisse doch immer guten Rat. Die brachte zur Verstärkung ihren Mann mit. Der Mutter wurde es alles in allem zu viel Theologie und zu wenig Gynäkologie am Wochenbett. Die Pfarrersleute beteten nun laut und flehend während des Theaters, das das Kind veranstaltete: Trinken, würgen, ersticken, klopfen, weiterleben. »Halleluja, Jesus ist der Herr. Hilf uns, Herr! Amen!«

So begann Maries Leben: Kaum geboren, war sie am ersten Tag gleich mehrfach gestorben und doch gerettet worden. Sie ließen vor Mittag doch noch den Arzt kommen, die Pfarrersfrau hatte das den Eltern gemeinsam mit der Hebamme empfohlen.

Dr. Erbse fuhr also mit seinem Daimler auf den Hof und gratulierte dem Vater: »Endlich mal ein Mädchen, nach all den Buben.« Der Bauer nickte wortlos und führte den Arzt zum Wochenbett. Auf dem Weg durchs Haus roch der Bauer deutlich die Fahne des Landarztes, am helllichten Tag! Der soff schon immer, genau wie sein Vater. Rauchte dazu Kette, aber gab den Menschen ohne Bedenken Gesundheitstipps und kassierte Geld dafür. Im nächsten Leben, schwor sich der Bauer, würde er Landarzt werden. Wenn da nicht die vermaledeite Schulbildung wäre, die er niemals bewältigen würde; ganz zu schweigen von der Hochschule, wo bekanntlich nur Lackaffen herumlungern, wie man sich erzählte. Der Lernstoff war zu trocken für einen Bauern, Latein und so. Sprach ja kein Mensch mehr, wozu also. Er hatte dazu seine klaren Ansichten: Damit niemand die Ärzte versteht, das war der einzige Grund. Bei Jauch hatte er mal gehört, dass japanische Ärzte Deutsch als Fachsprache benutzten. Sein Stammtisch wollte das nicht glauben: »Im Ernst, Deutsch!

Damit die japanischen Bauern nicht verstehen, was so ein Akademiker spricht. Drum reden die bei uns Latein. Sie hätten auch Japanisch nehmen können, kommt aufs selbe raus. OP oder Allergie. Alles japanische Fachausdrücke. Das hört man nur bei Jauch. Im Ersten verraten sie so was nicht, im Zweiten auch nicht, weil die Öffentlich-Rechtlichen zu den Ärzten halten. Alles ein abgekartetes Spiel. Bei Jauch nicht, der hat das nicht nötig.« Der Bauer öffnete die Tür zum Schlafzimmer, wo sie die Wöchnerin von etlichen Personen umstellt im Bett antrafen.

»Ja, sind wir denn hier auf einem Jahrmarkt!«

Rigoros schickte er alle aus dem Zimmer, stellte seine Tasche auf die Kommode, wusch sich in einer Schüssel gründlich die Hände, rülpste leise, wandte sich an die Mutter und verschränkte die Arme: »Dann lassen Sie mal sehen!«

Die Mutter legte Marie an, sie nuckelte ordentlich, lief rasch blau an, röchelte und stellte schließlich das Atmen ein. Der Arzt hielt sie kopfüber, klopfte auf den Rücken, bis das Kleine mit einem erbärmlichen Seufzer endlich spuckte und Luft bekam. Diesen Test wiederholte er mehrfach. Besorgt fragte die Mutter: »Macht das dem Kind denn nichts?«

»Was weiß so ein junges Ding, was Ersticken ist, wenn es das Atmen noch gar nicht lange kennt.«

Die Mutter blieb argwöhnisch, denn sie musste Marie für die ärztliche Untersuchung wieder und wieder anlegen, ersticken lassen, anlegen, beinahe ersticken lassen. Der Arzt näherte sich dabei der Stillenden, Kind und Mutter direkt vor seiner dicken Brille, die Wurstfinger an ihrer Brust, dazu diese Fahne, der Wöchnerin war schon elend genug. Zu allem Übel zog er plötzlich mit einem Ruck den Nippel aus dem Mund, das tat ihr mächtig weh und die Milch spritzte nun im hohen Bogen aus der Brust heraus.

»Was haben Sie denn für einen Druck drauf!«

»Finden Sie?«

»Dem Kind schießt ja Ihre Milch regelrecht in den Schlund. Kein Wunder, dass es beinahe davon erstickt.«

Er befühlte ihre Nippel: »Fest wie ein zugedrückter Schlauch. Die Brüste rappelvoll, auf jeder Seite ein halber Liter, schätz ich mal.«

Diese Diagnose machte die Mutter stolz: »Das kann sicher nicht jede Frau.«

Nein, das habe er so noch nie gesehen: »Mit wie viel Pascal das bei Ihnen da rauskommt!«

Maries Mutter schaute verwirrt, von welchem Pascal der Arzt spreche, und was dieser Mann oder Junge mit ihren Brüsten zu tun habe. Sie ließ sich das erklären, Pascal sei die Maßeinheit von Druck: »Pumpen Sie unbedingt Milch ab, bevor Sie Ihr Mädchen anlegen, Sie bringen sonst das Kleine noch um.«

Die Wöchnerin fragte: »Andere haben nicht so viele Pascals wie ich?«

Dr. Erbse schüttelte den Kopf, während er gemächlich seine Sachen packte.

Sie grinste stolz: »Nur ich hab so was, ne.«

Der Arzt setzte sich auf den Bettrand, legte seine Hand auf die ihre und schaute der Wöchnerin freundlich in die Augen: »Tüchtig Milch haben Sie, Frau Lenz! Damit könnten Sie vier Babys ernähren.«

»Ja«, nickte sie. »Tüchtig bin ich bei allem, ob im Haus oder im Feld. Vier Babys, allerhand!«

»Sie könnten die überflüssige Milch verkaufen.«

»Das kann man?«

Der Arzt tat so, als würde er überlegen: »Sie könnten sie auch spenden. So manche Frau wäre froh …« Er wurde von der Mutter jäh unterbrochen: »Wir spenden nix! Ich verkaufe nur. Sie kennen sicher die Frauen, bei denen es nicht einschießt.«

Er lachte auf: »Niemand nimmt das so wörtlich wie Sie. Aber verkaufen, das ist nicht so einfach. Hygienevorschriften, et cetera pe pe.«

»Sie haben doch gesagt, ich kanns verkaufen. Was denn nun?«

Ihr schwante, wer die Abnehmer waren, sicher diese begüterten Damen aus der Stadt, die sie selbst auf dem Wochenmarkt traf. Die wollten sich bestimmt nicht ihren Busen ruinieren lassen von der Stillerei. Der Arzt machte Geschäfte damit, das war ihr nun klar. Sie wollte seine Erzeugerin werden: »Ich hänge das auch nicht an die große Glocke.«

Mit Blick auf ihren riesigen Busen lachte der Arzt auf: »Große Glocke, das ist gut!« Er lachte, hustete, verschluckte sich und sie musste ihm auf den Rücken klopfen. Währenddessen hatte sie genug Zeit, sich alles zurechtzulegen: »Was kriegt man dafür?«

Der Arzt schloss seine Tasche und sagte so beiläufig er konnte: »Na ja, sechs Mark pro hundert Milliliter sind schon drin.«

Die Bäuerin stöhnte leise auf vor Glück. Hundert Milliliter sollten kein Problem sein, wie viel ließe sich da nebenher verdienen, ohne das Bett verlassen zu müssen? Das wären – sie rechnete im Kopf – das würden bestimmt … ihr schwindelte, es wäre eine ganze Menge.

»Zehn Prozent Provision für Sie«, machte sie ihm ein erstes Angebot.

»Was glauben Sie denn?«

»Also dann, halbe-halbe?«

Er nickte und hob warnend seinen Zeigefinger: »Brust sauber halten, Hände vorher gründlich waschen. Milch abpumpen, danach sofort kühl stellen. Wenn ich in Ihrer Milch auch nur einmal zu viele Keime finde, sind Sie raus aus dem Geschäft.«

»Ich mach alles genau, wie Sie es sagen.«

»Ich lasse Ihnen nachher geeignete Behälter und eine Pumpe vorbeibringen.«

Innerlich hüpfte sie vor Freude. Endlich geschah mal etwas Unvorhergesehenes, eine Überraschung! Das hatte sie doch erbeten vom lieben Gott, und er hatte geliefert. Im Schlaf wird sie nun Geld machen. Eigenes Geld! Dem Mann nichts sagen. Nur im Bett liegen und gut essen. Bei dem Gedanken musste sie kichern, hätte schreien können vor Glück. Sie konnte im Bett bleiben und würde von ihrem Mann bedient? Er würde ihr die Suppe in den Mund löffeln müssen: »Herr Doktor! Ich mache alles nach Ihren Wünschen. Und Sie sorgen dafür, dass ich hier meine Ruhe hab.«

»Ich schreibe Sie krank.«

Sie blieb besorgt: »Ich kann Wochen liefern, wenn ich ungestört bin. Da müssen Sie meinem Mann schon mit ner fiesen Krankheit kommen, sonst lässt der mich nicht ausruhen, ich kann mich doch darauf verlassen?«

»Absolute Ruhe wird verordnet. Kein Fernsehen!«

»Na hör'n Sie mal.«

»Von dem Programm wird bloß die Milch sauer.«

»Was mache ich dann mit meiner Zeit?«

»Lesen ist erlaubt.«

»Wir haben nur was über Ackerbau, und ne Bibel, also ich bitte Sie! Ach ja, und ein Kochbuch.«

»Die Bibel reicht doch.«

»Herr Doktor! Quälen Sie mich nich!«

Als der Arzt das Haus verließ, bläute er dem Ehemann im Hausflur ein: »Lange Schonung, unter allen Umständen.«

Der Bauer war bestürzt: »So krank ist sie?«

Der Arzt nickte: »Und besorgen Sie ihr was zu lesen, Romane, so was. Die Bücherei ist voll davon.«

Der Bauer konnte es nicht glauben: »Wer harkt jetzt das Unkraut? Wer kümmert sich um das Gemüse, muss ja alles gemacht werden. Und um mich? Und die Blagen?«

»Beantragen Sie eine Familienhelferin, ich unterstütze das.«

Der Bauer schimpfte trotzdem weiter, er könne sich keine kranke Frau leisten, auf einem Hof zähle jede Arbeitskraft. Es sei Frühjahr, wer jetzt nicht säe, würde im Herbst nicht ernten! Genervt von der Tirade öffnete der Arzt seine Autotür und quetschte sich hinters Lenkrad. »Auf dem Feld wird noch was getan fürs Geld, aber den Studierten fliegen die gebratenen Hühner in den Rachen«, wehklagte der Bauer weiter. Dem Arzt reichte es, er sah den Bauern mit strengem Blick an und bestrafte ihn prompt mit einer Einschränkung, die nicht nötig gewesen wäre: »Ihr Liebesleben müssen Sie auch umstellen, ein weiteres Kind wäre nicht gut für Ihre Frau.«

»Was soll ich da umstellen?«

»Abstellen wäre das bessere Wort.«

»Abstellen? Mein Ding?«

»Ja, stellen Sie Ihr Ding ab!«

»Soll sie halt die Pille nehmen.«

»Die verträgt Ihre Frau nicht.«

»Dann nehm ich Gummi.«

»Dagegen ist Ihre Frau allergisch.«

Wütend fragte der Bauer: »Wussten Sie, dass Allergie in Japan auch Allergie heißt?«

Dr. Erbse lachte gehässig, dem hatte er den Spaß genommen. Jedes Mal kam der mit den Japanern, dieser Idiot.

Er fuhr los. Der Bauer schaute hinter der Limousine her und schickte dem Arzt etliche Flüche nach. An seiner Seite stand sein rotznäsiger Sohn Eugen, der Dreijährige krallte sich an Papas Hosenbein und putzte sich die Nase daran ab. Die Zwillinge Peter und Paul hielten sich an den Händen. Sein Erstgeborener Günter spielte mit seinem Taschenmesser, klappte es auf, klappte es zu und wieder auf. Ein Schäferhund gesellte sich zu diesem düsteren Bild; es sah aus, als hinge die Gruppe im Museum, unter düsterem Himmel und knarzigen Bäumen ohne Laub.

Nachdem der Arzt gegangen war, kramte die Bäuerin nach Papier und Bleistift und rechnete genauer. Wenn sie Marie sattbekam und zusätzlich einen viertel Liter aus sich herausholte, wären das pro Tag …, der Anteil für den

Arzt, … ein Batzen Geld. Mit der Hand strich sie über die frisch duftende Bettwäsche, lehnte sich entspannt an die Kissen in ihrem Rücken – nie zuvor hatte sie eigenes Geld verdient, nie war ihr solche Muße gestattet worden, Mariechen sei Dank!

Von nun an pumpte sie ab, füllte die Flaschen, ein Fahrer holte die Ware, wie die Molkerei es mit Kuhmilch tat. Der Arzt prüfte die Qualität und Hygiene und lieferte die Köstlichkeit an Menschen aus, die sie haben wollten. Nicht bloß junge Mütter. Der Arzt erzählte der Bäuerin, auch Spitzensportler aus der Stadt besorgten sich Muttermilch zum Muskelaufbau. Mariechen konnte das nur recht sein, es genoss die innige Zweisamkeit im warmen Bett und fragte nicht nach dem Grund der Zuwendung. Die Mutter überlegte: Ließ sich das verlängern? Nicht nur über Wochen, sondern gar Monate? Wie lange würde sie abpumpen können? Ein halbes Jahr wäre fantastisch. Wieder zückte sie den Stift, addierte, das würde ihr Tausende einbringen, ihr wurde heiß vor Gier.

Sonst gab sie sich nicht gern mit solchen Würmchen ab, es waren bloß sehr kleine und dumme Menschen, die aßen und kackten und heulten und geimpft werden mussten und die erst viel später nützlich wurden im Haus, Hof und auf dem Feld. Doch dieses Baby brachte ihr schon jetzt was ein. Einzig aus diesem Grund wurde Marie mit dem strahlenden Blick einer Mutter verwöhnt, der nicht liebevoll war, sondern bloß gierig. Und doch hatte das Lächeln eine gute Wirkung auf das Kind, Marie gedieh prächtig.

Die Lage des Bauern hätte dagegen misslicher nicht sein können. Von da an bekam er stets eine wirklich miese

Laune, wenn er das Mariechen sah: das letzte Kind, Verursacherin seines Verdrusses, seiner Höllenqualen, weil er seiner Frau ja ewig treu bleiben wollte, er nahm so ein Versprechen noch ernst. Wann immer sein Mädchen ihn später anschaute oder ansprach, ihn berühren wollte oder gar zärtlich werden mit dem Papa, würde er sich fluchend abwenden. Die Kleine hatte ihm den Spaß am Leben gehörig verdorben.

2

Die Schwäche der Bauernfrau wurde auf die angeblich schwere Geburt geschoben, der Arzt hatte in seinen Aufzeichnungen aus dem Flutschen im Nu eine Komplikation mit schlimmen Folgen gemacht, eine lange Rekonvaleszenz würde das nach sich ziehen, meldete er der Krankenkasse. Die Hebamme hörte von dem Befund und wunderte sich – es war doch alles glattgegangen? Aber sie hielt sich raus, was sollte sie auch sagen, der Arzt würde seine Gründe haben.

Der Bauer sah keine Kranke. Im Kindbett lag seine Frau wie eine fette Prinzessin und ließ sich füttern. Die Familienhelferin, die die Landwirtschaftskammer ihm besorgt hatte, kümmerte sich zwar ordentlich um den Haushalt und seine Jungs, doch sie war ihm zuwider. Bald fünfzig Jahre alt, roch sie nach Desinfektionsmittel und Torf. Mit der musste er nun abends vor dem Fernseher sitzen, zu allem Übel bestimmte sie das Programm. Schaltete bei Fußball auf andere Kanäle mit Volksmusik oder Liebesfilmen. Der Bauer wagte nicht, sich durchzusetzen, ging früh ins Bett und schlief schlecht, weil seine Frau fürchterlich schnarchte und nach Mitternacht das Kind quengelte und angelegt werden wollte.

Bei nächstbester Gelegenheit knöpfte er sich den Arzt vor. Er solle seine Frau endlich gesundschreiben! Der Arzt zuckte mit den Schultern: »Das braucht seine Zeit.«

Verzweifelt wischte sich der Ehemann mit der Handfläche übers Gesicht: »Was hat sie denn noch um Himmels willen? Sie hat rosige Bäckchen, futtert wie ein Scheunendrescher. Und die soll krank sein? Nie und nimmer!«

»Vegetative Dystonie. Kann harmlos sein, kann aber auch schlimmer werden, wenn es nicht auskuriert wird. Eine strenge Bettruhe ist vonnöten, bald auch kleine Spaziergänge in Begleitung. Das könnten Sie übernehmen.«

Er spickte seine Erläuterungen mit weiteren Fremdwörtern, der Bauer wollte es verstehen, verstand aber natürlich nichts.

Alle Welt tuschelte voller Sorge über seine Frau, selbst entfernte Verwandte schickten Grußkarten mit Bibelsprüchen, die vom heilenden Heiland sprachen. Eine Nachbarin wollte erfahren haben, dass ein Studienrat vor Jahren mal an dieser vegetativen Sache gestorben sei. Der Ehemann erschrak und bereute seine skeptische Haltung: »Vielleicht sollte ich doch mal was Freundliches für sie machen.« Er fragte die Familienhelferin, was einer Frau Freude mache.

»Ein Ring!«

»Das kostet zu viel.«

»Ein Buch.«

»Was liest man denn so?«

»Horror, Mord und Todschlag, oder was über Politik.«

»Nichts für meine Frau.«

»Dann Liebesromane.«

Das fand er gut. So kaufte er zum ersten Mal im Leben ein Buch: »Was fürs Herz, bitte schön!«

Die Inhaberin der örtlichen Buchhandlung, Frau Nehen, war überrascht, den Bauern in ihrem Laden zu sehen, empfahl ihm jedoch begeistert *Die Brücken am Fluss*. Seine Frau las es in einem Rutsch, weinte herzzerreißend, als sie zum rührenden Ende gekommen war – und begann ihre Lektüre von vorn. Damit war der Bauer zufrieden. Wenn er kein zweites Buch zu bezahlen braucht, wird es günstig, dachte er. Nur Frauen lasen ein Buch mehrmals, nur Frauen heulten so gern, schnäuzten sich, tropften überhaupt ständig und überall. Milch, Blut, Tränen und ein schlechtes Gedächtnis, das sind Frauen. Er dankte dem Himmel, dass er keine war.

Einige Tanten bereiteten Maries Mutter wegen der vegetativen Dystonie bestes Essen, begleiteten sie später auf kurzen Spaziergängen an der frischen Luft, während nun auch der Arzt einen Roman nach dem anderen mitbrachte, weil sie endlich Zeit zum Lesen hatte. War das Leben schön! Aber die Bücher des Arztes gefielen ihr nicht. Maries Mutter las etwas Dostojewski, doch darin gab es für ihren Geschmack zu viele Russen mit zu langen Namen. Rainer Maria Rilke und Max Frisch fand sie irrsinnig langweilig, sie versuchte es mit ein paar Seiten aus den *Buddenbrooks*, doch auch hier hatte sie etwas auszusetzen: »Dem Thomas Mann seine Sätze haben kein Komma und keinen Punkt. Passieren tut auch kaum was. Will ich nicht, können Sie zurückhaben, ich will was Spannenderes.« Also brachte der Arzt ihr stattdessen einen

Stapel Krimis und Liebesromane, die ließen sich prima weglesen.

Die Bauernfrau fragte sich, weshalb sie sich nicht schon viel früher hatte krankschreiben lassen. Am helllichten Tag im Bett liegen, an die Decke schauen, lesen und sich bekochen lassen. Den Haushalt machte eine fremde Frau.

Die Wochen schmolzen dahin. Während draußen inzwischen geerntet wurde, blieb die Bäuerin außen vor. Alle arbeiteten, nur sie saß im Bett und lachte sich ins Fäustchen. Sie spürte ja genau, wie gesund sie war, doch diese Gelegenheit musste sie einfach ausnutzen. Sie brauchte keine Kühe melken, sondern konnte selbst die Milchkuh sein! Es war ihr noch nie besser gegangen. Und das Mariechen profitierte davon, es wuchs im Bett der Mutter auf und wurde von der Familienhelferin im Kinderwagen an die frische Luft gebracht.

Die Bücher schienen ihr fast so abwechslungsreich wie Fernsehen: Meuchelmord und verbotene Küsse, Unsittliches in der Adelsfamilie, Brandstifter und Hurensöhne, Tod einer Geliebten, Tränenmeer. Beinahe vermutete die Bauernfrau, dass das wirklich aufregende Leben sich nur in Romanen abspielt. Bis Hugo kam.

Hugo war ein Dorfbewohner, der erst vor zehn Jahren zugezogen war, also im Grunde ein Fremder. Die katholische Kirche hatte ihm das leer stehende Pfarrhaus verkauft, das er sehr schön renoviert hatte, wie es im Dorf hieß. Hugo war ins Gerede gekommen, weil er keine Frau hatte, keine Kinder, nicht mal ein Auto. Sommers wie winters fuhr er Fahrrad, obwohl er als Beamter gut verdiente. Mit dem stimmte doch was nicht.

Dieser quasi wildfremde Hugo suchte nun die kranke Bäuerin auf, weil man im Dorf von ihrem neuen Geschäft gemunkelt hatte. »Was will der hier?«, fragte sich Maries Mutter, als er bei ihr auf der Matte stand. Hugo war noch nie bei ihnen daheim gewesen, man kannte sich im Grunde kaum, tauschte bloß einen kurzen Gruß im Laden an der Kasse. Nun stand dieser Mensch in ihrem Schlafzimmer, die Familienhelferin hatte ihn reingelassen, weil er behauptet hatte, ein Cousin der Familie zu sein. Maries Mutter starrte ihn an: »Ich bin krank, was wollen Sie?«

Hugo war ihr nicht geheuer. Wieso zog so einer aus der Stadt in ein Nest wie ihres? Versteckte der sich vor jemandem? Vegetarier war er auch noch, sicher der einzige im gesamten Landkreis. Ein Verrückter also, in den Augen der Schweinezüchter und Gänsehofbetreiber. Sonst durchaus seriös, der Mann, Verwaltungsbeamter im höheren Dienst. Arbeitete beim Finanzamt in der Stadt, war zuständig für die Steuerzahler von Ka bis Ko. Was wollte der Schlaks von ihr?

Hugo setzte sich ans Krankenbett, sie habe ja ein Kind bekommen, druckste er herum.

Die Mutter fragte: »Macht das Finanzamt jetzt schon Hausbesuche? Gibts neuerdings ne Steuer aufs Kinderkriegen?«

Hugo verneinte. Er wolle allerfreundlichst wissen, ob es gesund sei, das Baby.

»Ja.«

Ob er gedeihe, der Säugling.

»Ja.«

Ob er gestillt werde.

»Was geht Sie das alles an?«

Statt einer Antwort öffnete Hugo seine Börse und legte zwei Blaue auf die Federdecke. Die Bäuerin gierte danach.

»Für eine Portion.«

Sie wurde blass: »Portion von was?«

Er wies auf ihre Oberweite, die Mutter erschrak. Machte das im Dorf die Runde, dass sie Milch verkaufte? Nicht auszudenken, wenn ihr Mann davon Wind bekam! Wer hatte ihm das überhaupt gesteckt? Das kann nur der Arzt gewesen sein, der Trottel, spinnt der! Die Bäuerin wühlte nervös nach ihrem Taschentuch, fand es nicht.

»Ich möchte gern etwas von Ihrer Milch kaufen.« Sie starrte ihn an. Wofür brauchte das so ein Hugo? Bodybuilder war er nicht, der Hänfling. Der legte nun gar eine Hand auf die ihre: »Ich will das gerne regelmäßig erwerben. Da kommt was zusammen für Sie.«

Die Mutter war verdutzt: »Wozu brauchen Sie das?«

Hugo schmunzelte und schwieg.

»Haben Sie tatsächlich ein Baby zu versorgen?«

Lächelnd legte er seinen Kopf etwas schräg, schob seine Unterlippe nach vorn und flüsterte: »Ich bin das Kind.«

Der Bäuerin stand der Mund offen. Der will … es war nicht zu fassen! Sie verstand die Welt nicht mehr. War das jetzt Mode? Sie hat die ersten vier Kinder bekommen und jedes beinahe ein halbes Jahr lang gestillt. Kein Mensch hatte das wertgeschätzt. Nun wollte plötzlich alle Welt Muttermilch! Wie konnte man als erwachsener Mensch so was saufen wollen?

»Was haben Sie davon?«

Hugo blieb ihr die Antwort schuldig.

Sie schaute Hugo kritisch an: »Wie oft?«

»Jeden Tag, solange es geht.«

Sie rechnete schon wieder, summierte Zahlen. So eigenartig das Geschäft war, sie konnte das nicht ablehnen. »Wenn Sie das einem verraten, Andeutungen reichen schon, dann reiß ich Ihnen Ihren Beamtenschniedel für immer aus der Verankerung, damit das klar ist.«

»Ich verstehe, dann wird die Mami böse!«

Die Bäuerin stöhnte auf – der Mann war wirklich nicht normal.

»Also gut, ich pumpe Ihnen was ab, und Sie können …«

Eilig unterbrach er sie: »Das werde ich selber tun.«

»Sie wollen bei mir abpumpen?«

Hugo schüttelte den Kopf, guckte wieder so ergeben von unten hinauf zu ihr, obwohl er saß und sie lag. Er atmete tief. Was wollte er denn jetzt noch? Langsam dämmerte es ihr: »Nein!«

»Doch.«

Sie fauchte ihn an: »Sind Sie denn völlig verrückt geworden?«

Er nickte: »Verrückt nach Mama.«

Hugo hatte knallrote Wangen, niedlich wie der herzige Junge auf der alten Zwiebackpackung. Er blickte verschmitzt zu Boden und ließ ihr Zeit zum Nachdenken. Noch nie hatte die Bäuerin gehört, dass ein vernünftiger Mensch so was wollte, geschweige denn tat. Das Finanzamt von Ka bis Ko wollte gestillt werden, ja Herrschaftszeiten! Was für ein Ferkel, dieser vegetarische Hugo.

Wenn der Kerl das irgendwem verraten würde? Ihrem Mann? Sie käme in Teufels Küche. Aber er gab doppelt so viel wie der Arzt. Was musste sie sich plagen, um am Gemüsestand ein paar Mark zusammenzukriegen. Sie drohte ihm mit dem Zeigefinger: »Sie fassen mich dabei nicht an.«

Hugo nickte demütig.

»Sie wollen wirklich nur an mir nuckeln?«

»An jeder Seite fünf Minuten.«

Die Bäuerin stutzte – dann blieb kaum was für Marie.

»Das sind ja zwei Portionen!«

»Deshalb zahle ich das Doppelte. Für zehn Minuten.«

»Und Sie tun mir dabei nicht weh, beißen mich nicht, wollen nichts Perverses von mir und ich ziehe mich nicht aus.«

»Nein, versprochen.«

Zehn Minuten. Sie dachte nach. Was sind schon zehn Minuten? Dauerte so lang wie die *Tagesschau* ohne Wetterbericht. Für so viel Geld! Sie spürte ihre Gier in jeder Faser, sie würde einfach die Augen zumachen und nicht dran denken, dass es das Finanzamt war.

»Also los, gehen wir's an!«

Hugos Kopf glühte vor Aufregung, oder Erregung, wer weiß das schon so genau. Er stand auf, nahm seinen Stuhl und stellte ihn unter die Türklinke, damit man ungestört blieb. Maries Mutter öffnete ihr Nachthemd, tupfte ihre Brüste mit einem Waschlappen ab und rückte sich im Bett zurecht. Hugo kam näher, legte sich in ihre Achselhöhle, sie griff nach ihrer riesigen Brust und schob sie ihm beklommen zu, ihr wurde nun doch angst und bange. Hugo hatte eine bequeme Position für beide gefunden, er nahm den Nippel in den Mund, saugte … es ging.

Die Wöchnerin schaute ihm zu: Wie hungrig der Hugo war, ach Gott, beinahe war sie gerührt. Er nuckelte recht ordentlich und zugleich äußerst sanft, Übung schien er zu haben, da konnte sie nicht meckern. Wer im Dorf hatte Hugo noch gestillt? Wer von den Frauen war unverhofft zu Geld gekommen? Das war eine Spur, der sie nachgehen könnte.

Hugo machte putzige feucht schlabbernde Geräusche, der große Bub, beinahe war sie hingerissen von ihm. Sie fühlte was – nicht wie beim Kind, komplett anders. Das fühlte sich ja an – also sag mal. Die Bäuerin sollte sich im Grunde schämen, tat es aber nicht. Es entzückte nicht nur Hugo, der wohlig stöhnte. Es kribbelte bei ihr. Was war das denn? Ihr Ehemann war ihr nie an die Brüste gegangen, erst recht nicht mit der Zunge. Nur Küsse auf den Mund, wie sich's gehört. Ihr Kopf glühte nun ebenfalls und ihr Unterleib regte sich, ohne dass sie dort berührte wurde – so was hatte sie noch nie empfunden. Hugos Liebkosungen schlichen sich sehr langsam an, er umspielte mit seinen Lippen ihre Nippel und trank so zügig, dass eine Brust schnell ausgetrunken war.

Benommen schaute er auf, sie nickte schwer atmend und verschämt, man wechselte die Position, die andere Brust war dran. Hugo trank sich satt und Maries Mutter kam dabei, sehr, sehr langsam. Sie hatte einen hinreißenden Orgasmus, war betrunken davon, wie in Schokolade getaucht. Fünf Kinder empfangen und kein einziges Mal so was erlebt. Von eigener Hand, ja. Mit dem Mann, na ja, auch mal, aber nicht so.

Hugo lag in ihren Armen, sie klopfte sanft auf seinen Rücken, er machte sein Bäuerchen. Nach einer Weile stand er auf. Nun schämte sich die Mutter doch sehr. Hugo schwieg, verneigte sich galant und warf ihr einen Handkuss zu, bevor er ging.

Maries Mutter lehnte sich in die Kissen zurück, schaute an die Zimmerdecke, atmete tief ein und schnaufte erleichtert aus. Vier, fünf Mal. Es ging ihr so gut wie nie zuvor. Was für ein Ding, dieser Hugo. Vegetarier halt, tut keiner Seele was zuleide. Sie legte das Geld in ihre Nachttischschublade, versteckt unter den Taschentüchern. Komm bald wieder, dachte sie schmunzelnd.

Weil das Leben als kranke Frau so herrlich war, blieb sie sehr lange krank. Die Äpfel wurden von Fremdarbeitern gelesen und zu Most gemacht. Kartoffeln geerntet und verkauft. Advent und Weihnachten konnte man wahrhaftig feiern, ohne dass die Hausfrau sich krummlegte, gab es halt Würstchen statt Gans.

Die Bäuerin ernährte inzwischen drei fremde Säuglinge, darüber hinaus waren Marie und Hugo zu versorgen. Irgendwie reichte es immer, die Milchproduktion richtete sich eh nach der Nachfrage; ihre Brüste wuchsen bei diesem Absatz ungeheuerlich, waren mittlerweile groß wie Handbälle. Sie schaufelte enorm viel Essen in sich rein und nahm doch nicht zu. Der Vater verzweifelte, weil die Frau nicht gesund werden wollte. Der Arzt sprach inzwischen von Beschwerden im Vorderlappen des Hirns, »et cetera pp!«

Marie feierte ihren ersten Geburtstag im Bett. Was heißt feiern – als Geburtstagsüberraschung musste der

Vater seine Tochter im Kinderwagen durchs Dorf schieben. Das war ihm peinlich, er war schließlich ein ganzer Mann, der in der Provinz alles tun durfte, bloß nicht weibisch wirken. Es herrschten sehr traditionelle Vorstellungen in diesem Dorf – ein Mann gab sich nicht mit Babys ab. Doch seine Frau hatte diese Spazierfahrt an der frischen Luft in einem Ton verlangt, der keine Diskussion zuließ. Die Pfarrerin schaute in den Wagen, die Kaufmannsfrau machte *Guggedi Buuu*. Der Bäcker lachte den Bauern aus, diesen Idioten. »Schiebt einen Kinderwagen!« Der Bauer schämte sich, eine halbe Stunde an der frischen Luft musste genügen, er brachte sein Mädchen wieder zurück zur Mutter. Seine Frau wollte einfach nicht gesund werden, er wartete seit einem Jahr. Der Arzt war ein Versager, er hasste die ganze Welt.

Marie war das einzige Menschenkind in der Familie, das in seinem ersten Lebensjahr ununterbrochen eine entspannte Mama an seiner Seite hatte. Bei den anderen musste die Bäuerin sehr früh zurück ins Feld, maximal sechs Wochen Schonung, mehr war nicht drin. Maries Brüder hatten als winzige Säuglinge einsam in ihren Bettchen gejammert, ihr Weinen und Wehklagen wurde weder gehört noch beantwortet. Die Bäuerin war alle vier Stunden vorbeigekommen und hatte die Jungen gestillt oder gefüttert, ansonsten blieben sie ihrem Schicksal überlassen. Die kleinen Seelen starrten dumpf an die Zimmerdecke, wo es bekanntlich nichts zu sehen gab.

Marie dagegen hatte es sehr behaglich. Tag und Nacht blieb sie in der Obhut ihrer friedlichen Mutter und trank die Reste aus ihren Brüsten, der Milchladen war rund um die Uhr geöffnet. Mutter und Kind schliefen so oft und so lange sie wollten. Marie wurde gekuschelt, gedrückt und unterhalten, die Mutter hatte schließlich sonst nichts zu tun. Sie bekam auch eine Spielecke im Schlafzimmer, schaukelte sich auf dem Teppichboden, stärkte ihre Muskeln, lernte irgendwann krabbeln und laufen, ganz von allein. Tapste von einer Ecke in die andere und musste meinen, dass die Welt ganz schön klein war.

Aus Langeweile erzählte die Mutter ihr alles, was nicht für Kinderohren gedacht war, aber so ein Winzling verstand ja eh nichts. Sie schaute Marie dabei tief in die Augen, kraulte sie am Bauch und schnatterte von Hühnerzucht oder Aussaaten, von Gebärmutterkrebs, Hugo und Häkelmustern. Von Geschichten aus dem Dorf, von Verwandten, die gar nicht verwandt waren, von Fremden, die Freunde wurden. Von Freunden, die man verloren hatte, von ihrem Ehemann und Maries Vater, der es tat wie ein Vorschlaghammer. Und nicht mit der Zunge wie Hugo. Von ihrer Geldgier, die sie als korrekt empfand. Allein diese weich klingende tägliche Ansprache stärkte Maries Seele, in Mamas Gegenwart wuchs sie wie auf festem Grund gebaut. Die Mutter sang sogar, was ihr gerade in den Sinn kam, Kirchenlieder, Beatles und Schlager von Udo Jürgens, den liebte sie besonders. Zum ersten Mal fühlte sich die Mutter richtig erholt und tat alles, damit es lange so blieb. Sie fütterte Marie auf keinen Fall Brei oder gab ihr leichtes Gemüse, sondern produzierte jeden Tag Milch, ließ den Arzt kommen, Hugo kam auch, frische Luft, gutes Essen wurde ans Bett gebracht, dazu unendliche Ruhe. All das hatte dafür gesorgt, dass das Milchgeschäft sehr lange florierte.

Erst kurz vor Maries zweitem Geburtstag ließ der Milchfluss endgültig nach. Der Arzt hatte längst andere Wöchnerinnen an der Hand, Hugo war pleite und untröstlich, dass seine wunderbare Nuckelzeit vorbei sein sollte. Die Bäuerin ließ ihn links liegen, ohne Geld bekam er keine Zuwendung mehr, geschweige denn Intimitäten. Sie schien wieder ganz die Alte zu werden, Hugo konnte diese forsche Ablehnung kaum ertragen, er weinte, doch sie schickte ihn herzlos fort.

Sie sortierte ihre Kleidung, die sie seit Maries Geburt nicht genutzt hatte, da musste schnellstens mal was Neues her. Und um die Osterfeierlichkeiten musste sie sich auch wieder kümmern, die Familienhelferin war aus dem Dienst entlassen worden. Die Mutter packte Marie ins Auto und fuhr mit ihr in die Stadt. Die üblichen preiswerten Geschäfte waren ihr Ziel, sie kaufte sich ein Kleid und ein Paar Schuhe. Teures durfte sie nicht nehmen, sie machte sich ja sonst verdächtig. Marie bekam ein süßes Kleidchen für den Sonntag, ansonsten wird das Kleine die Sachen der Buben auftragen.

Anschließend wollte die Bäuerin zum Juwelier, da war sie noch nie gewesen. Sie schämte sich, kam sich klein vor, aber was sollte schon dabei sein? Sie hatte doch Geld, also los, einfach hineingehen in das edle Ambiente, als mache sie das jede Woche … Im letzten Moment traute sie sich doch nicht, blieb zehn Meter vor dem piekfeinen Geschäft stehen und fühlte sich wie ein Bauerntrampel. Der Verkäufer ist sicher ein Lackaffe, der die reichen Menschen kennt und genau so redet. Wie benahm man sich so einem gegenüber? War es schicklich, ein kleines Kind mit hineinzunehmen? Sicher nicht! Aber sie konnte

Marie doch nicht draußen stehen lassen oder dem Türsteher anvertrauen. Sie verlor ihren ganzen Mut. Im Fernsehen gingen die Leute bestens gekleidet zum Juwelier. In langen Handschuhen. Wie hieß noch die aus dem Film? Dürres Mädchen, kurzer Pony. Immerhin waren ihre eigenen Hände durchaus in Schuss, waren die letzten zwei Jahre nicht beansprucht worden, sie hatte, was sie sonst nie hatte, weiche saubere Hände, gepflegt wie eine Handarbeitslehrerin. Nagellack fehlte allerdings, das war nicht ihre Welt.

Doch das Geld musste unbedingt angelegt werden, darum atmete sie tief durch und ging rein, das Kind im Arm. Marie lief der Rotz ausgerechnet jetzt aus der Nase, die Mutter schämte sich gegen ihren Willen. Ein Herr sprach sie freundlich an: »Die Dame wünschen?« Sie bat um einen Ring, den sie sich selbst zum Geschenk machen wollte. Zog ihr Bündel aus der Handtasche, die Scheine gerollt und mit einem dicken Gummi zusammengehalten. Der Juwelier zog die Augenbrauen hoch. Er fragte besorgt: »Schwarzgeld?«

»Nein, Milchgeld«, korrigierte sie naiv. Der Mann verkniff sich ein Grinsen, es wird um Kühe gehen, die Bäuerin bemerkte das: »Haben Sie was gegen die Landwirtschaft?«

Er hob abwehrend die Hände.

»Ich möchte einen Ring, der aussieht, als wär er aus dem Kaugummiautomaten gezogen. Aber echt muss er sein, so viel wert wie mein Geld, und keinen Pfennig weniger!«

Der Juwelier zeigte ihr die teuersten Stücke, hier bezahlte jemand in bar und an der Steuer vorbei, er würde das zu seinen Gunsten nutzen. Aus Weißgold wünschte sich die Kundin was, mit einem grünen oder blauen Stein. Der Juwelier zeigte ihr einen allerfeinsten, großen Smaragd aus Kolumbien. Von dort kämen die besten grün leuchtenden Steine her. Er ließ sie durch die Lupe schauen, um ihr das zu zeigen. Sie war beeindruckt, man passte den Umfang ihrem Finger an. Sie nannte ihre Neuerwerbung Oschi und würde sich nie mehr trennen von dem guten Stück. Ob im Feld, Bett oder Gottesdienst, er wird ihr größter Schatz und Begleiter sein.

Auf der Rückfahrt hielt sie bei der Metzgerei, kaufte Aufschnitt fürs Abendessen, dreihundert Gramm Schinkenwurst, dreihundert Salami, ein Stück Fleischwurst auf die Hand, noch im Geschäft gegen den kleinen Hunger. Auch Marie bekam etwas Wurst, an der sie lange nuckelte. Die umstehenden Frauen bemerkten den Ring natürlich sofort. Die Metzgerin fragte: »Was haste denn da am Finger?«

Maries Mutter hob ihre Hand: »Das sieht ja wohl mal deutlich nach einem Ring aus.«

Stolz zeigte sie ihn herum.

Die Damen staunten: »Was läufste mitten in der Woche mit 'm Ring rum?«

»Ich will mich schmücken.«

»Hier? In der Metzgerei, wo nix weiter is als Wurst und fette Weiber?«

Die Frauen lachten schrill. Jede bekam von der Metzgerin noch eine Scheibe Fleischwurst auf die Hand, alle kauten daran herum. Die Mutter erklärte: »Den trag ich jetzt immer am Finger.«

»Auch aufm Feld beim Rübenhacken?«

»Tag und Nacht. Ich leg den nie mehr ab.«

»Du hattest doch sonst nie 'n Ring.«

Mama nickte: »Ist jetzt mein Glücksbringer. Bin krank gewesen, nun bin ich gesund geworden. Ich trag den Ring, weil ich dankbar bin.«

»Gott jetzt, oder was?«

»Mehr allgemein.«

Die Frauen kamen näher, betrachteten den Ring genau.

»Nimms mir nicht übel«, sagte eine, »aber der sieht irgendwie billig aus, so grün.«

»Zugegeben«, nickte die Mutter gespielt traurig.

»Sieht aus wie aus'm Kaugummiautomaten gezogen.«

»Stimmt. Jetzt wo du's sagst.«

In ihr schrie es stumm: »Tausende! Du blöde Kuh! Ihr blöden Hühner! Genau das wollte ich bezwecken!«

Sie feixte: »Soll aber echtes Silber mit drin sein.«

Die Metzgerin verächtlich: »Na ja, und der Stein. So ein grelles Grün. Genauso grün wie von einer Bierflaschenscherbe!«

»Aber grün schmückt doch schön.«

»Hättste wenigstens Rot genommen, aber Grün? Nee.«

»Der ist viel zu groß!«

»Woher haste den?«

Sie sagte breit grinsend: »Tatsächlich aus'm Kaugummiautomaten.«

Da lachten und kreischten die Frauen. Allesamt klopften sie der Mutter auf die Schulter und gingen dann ihrer Wege.

Maries Mutter besaß nun ein Pfand, einen Joker. Startgeld für eine mögliche Flucht, weg vom Bauernhof, weg von ihrem Mann und auch den Kindern. Irgendwann, wenn sie wollte, wenn es ihr zu viel wurde. Allein dieser Gedanke beruhigte und erheiterte sie ungemein. Sie war wohlhabend, und niemand wusste davon.

Das Schmuckstück regte ihre Fantasie an, sie flüsterte dem Kind wieder mal ein Szenario ins Ohr, das wohl mit einem der Bücher zu tun hatte, die sie gelesen hatte. Sie sprach, beständig mit Blick auf den Ring: »Marielein! Da wird mal einer kommen, das sag ich dir. Ein Fotograf. In den verguck ich mich. Der ist für eine Woche hier in der Gegend, und ich bin allein zu Hause. Ihr seid mit dem Vater zur Grünen Woche nach Berlin gereist, die dauert genauso lang. Jaja, ich weiß, warum du krähst! Dein Vater würde nie und nimmer mit euch nach Berlin fahren zur Grünen Woche, der ist froh, wenn er euch los ist. Doch gesetzt den Fall, er täte es. Dann würde Folgendes passieren: Der Fremde klingelt und fragt mich nach dem Weg. Er hat sich nämlich verfahren. Der möchte einen Schluck zu trinken, ich lass ihn rein. Das tut man eigentlich nicht, könnte ja ein Verbrecher sein, aber er wirkt so sympathisch. Da sitzt der Mann also an unserem Tisch und redet mit mir. Also reden, so richtig mit Worten, wie das sonst nur Frauen machen. Dein Vater redet nie mit mir, außer es geht um Hühnerfutter oder Selleriesalat. Ich verliebe mich in den Fremden, weil er so nett mit mir spricht. Und er hat sich im selben Moment in mich verliebt – keine Ahnung, weshalb. Obwohl er wusste, dass ich verheiratet bin, da hab ich keinen Hehl draus gemacht. Wir hatten wunderbare Tage. Haben sogar zusammen in einer Wanne gelegen, stell dir das mal vor. Das hatte ich mein Lebtag nicht gemacht!

Soll ich mit deinem Vater in einer Wanne liegen? Ich würde ja schmutziger rauskommen als rein! Mitten in der Woche habe ich mein gutes Kleid getragen, hab mich zweimal am Tag geschminkt und allein dafür ne halbe Stunde gebraucht. Zeit verschwendet wie nie! Gelebt hab ich zum ersten Mal.

Marie, was ich alles mit dem gemacht habe! Dir kann ich es ja sagen, du bist zum Glück viel zu klein, um mich zu verstehen. Wenn ich gewusst hätte, dass ich so was mal schön finde. Der hat mich angepackt in einer Art, die ich von deinem Vater nicht kenne. Und einen anderen hatte ich vorher auch nie, gehört sich einfach nicht. Ich weiß, dass ich nun ein Miststück bin, weil ich fremdgehe. Aber dieser Mann! Der hat mich erst mal fast ne halbe Ewigkeit geküsst. Ich meine, wir waren natürlich auch spazieren und haben geredet und gegessen und so. Seine Augen waren so wunderbar, seine Hände ganz weich, wie ein Juwelier. Aber als es so weit war! Da hat der sogar, mein Gott, du verstehst mich ja zum Glück nicht! Der hat mich nicht nur auf den Mund geküsst, sondern überall hin. Mit seiner Zunge die ganze Haut geleckt. Hat mich gestreichelt, als sei ich ein Baby. Darüber hab ich weinen müssen vor Rührung, weil das so derart schön war. Und dann war wieder alles ganz anders, da hat er mir einen Klaps gegeben, mir in die Ohrläppchen gebissen, mich an den Haaren gepackt und mich … ich kanns dir nicht sagen, ich finde keine Worte dafür. So was tut man normalerweise nicht. Es ist wie draußen spielen gehen mit fünf Jahren. Endlich mal eine Pfütze, in die man treten kann, wieder und wieder, weil kein Erwachsener dabei ist. Ein Spielplatz mit Lachen und Beißen, im Matsch spielen, sich prügeln und vertragen, Feuer machen und sich selbst darüber grillen lassen, damit man für den anderen auch richtig lecker schmeckt. Jede Minute mit dem Mann fühlte sich an wie ein Lottogewinn. Ich sag dir ehrlich, Marielein: Für so eine Woche, wenn ich das noch mal erleben dürfte, würde ich meinen Ring hergeben. So siehts aus. Jetzt weißte vielleicht, wie schön das war, jetzt weißte bestimmt Bescheid.«

Die Mutter schaute nun irritiert um sich, als sei sie eben erst aufgewacht. »Jetzt weiß ich kaum mehr, ob ich das erträumt habe oder erlebt, so sehr ist es in mir. In meinem Herzen, meinem Unterleib, überall.«

Sie seufzte: »Und dann, Marie, dann war die Grüne Woche vorbei und ihr seid zurückgekehrt. Ich saß im Auto, wir waren gerade auf dem Weg zu Raiffeisen, Dünger kaufen. Vor uns auf der Straße fuhr wahrhaftig mein Fotograf in seinem Jeep. Er hatte nicht mehr an den Brücken am Fluss zu tun, war fertig, reiste ab. Es war so was von traurig. Dein Vater blinkte nach rechts, er nach links. Ich würde ihn nie wiedersehen. In letzter Sekunde hielt er an, öffnete die Beifahrertür. Wartete auf seine große Liebe, wartete auf mich, wollte mich haben! Dein Vater meckerte: ›Was macht der Idiot da vorn, lass mich vorbei!‹ Keine Sekunde unserer gemeinsamen Zeit werde ich vergessen. Die Nacht davor hatte er noch in meinem Schoß gelegen und gebeten, ich sollte mit ihm ein neues Leben anfangen. Sollte Haus, Hof und Kinder verlassen. Durfte man das tun? Kam ich dann nicht in die Hölle? Alle würden denken, ich sei eine Schlampe. Meine Kinder würden leiden. Da stand er nun, wartete auf mich, jetzt oder nie! Was glaubst du?

Ich zögerte keine Sekunde, stieg bei deinem Vater aus und ging zu ihm. Da wird dein Vater aber geguckt haben! Ich habs nicht erfahren, habe alles hinter mir gelassen, euch alle vergessen, dich auch. Das machte mir gar nichts. Ich schaute nicht mal zurück, bin einfach mit ihm weg, hab ein neues Leben angefangen. Hab meine Hände gepflegt und weiße Handschuhe gekauft. Ja, Kindchen, tut mir leid. So isses, man muss sich zur rechten Zeit entscheiden. Das habe ich getan. Mein wirkliches, mein glückliches Leben mit dem Fotografen beginnt jetzt.«

Mama räusperte sich. So viel am Stück hatte sie noch nie gesprochen. Marie fand es schade, dass sie keine Mutter mehr hatte und mit Papa und den Brüdern allein gelassen würde, falls mal ein Fotograf kam. Ihre Mutter grübelte nun doch betrübt: »Ob mich so einer noch will nach den fünf Geburten?« Flüsternd fügte sie hinzu: »Wir haben hier in der Gegend ja nicht mal verdammte Brücken, die man fotografieren könnte.« Sie stand am Herd, rührte in der Suppe herum, seufzte tief. Marie brabbelte vor sich hin. Mama war da.

Am Abend kam ihr Mann nach Hause: »Nabend. Essen fertig?« Natürlich, wie immer. Er schaufelte alles ins sich rein, ohne zu wissen, was. Hauptsache Fleisch mit Sättigungsbeilagen, am liebsten Kartoffeln. Er trank ein Bier dazu und schaute anschließend irgendwas im Fernsehen. Dazwischen berichtete er, man habe das Sommergetreide ausgesät. Ob sie so was noch interessiere? Sie drehte an ihrem Ring. Hörte nicht, was der Mann ihr sagte.

Was das Geld angeht, könnte sie sich eine Flucht leisten, doch sie kannte keinen da draußen, der sie im Jeep mitnahm. Allein wagte sie es nicht, sie wusste gar nichts. Etwa wie man ein Flugzeug bucht, was man in einem Hotel sagt, wo man dort frühstückt, an welchen Tisch man sich setzen soll, was es da zu essen gibt. Sie kannte nur den eigenen Hof. Eier, Kartoffeln. Das war ihr Leben. Nicht ein einziges Mal im Urlaub gewesen. Nur im Fernsehen gesehen, wie und wo andere Leute ausspannten.

Ihr Mann versuchte abermals, mit ihr ein Gespräch zu führen: »Wir setzen bald die Kartoffeln und die Rüben werden ausgesät. Bist du dann dabei?«

»Jaja, bin ich.«

Sie war in Gedanken beim Ring, quälte sich weiter mit Träumen über das eine oder andere mögliche Leben, den einen oder anderen Mann. Ihr eigener sagte nun: »Im Fernsehen erzählen sie gerade, dass die Seles sich hat blicken lassen bei den French Open.«

»Wer?«

»Seles. Wie das Attentat passiert ist, in Hamburg, ist unser Mariechen geboren.«

»Marie ist doch nicht in Hamburg geboren!«, sagte die Bäuerin irritiert. Ihr Mann redet wirr.

»Du interessierst dich nicht mehr für das, was geschieht«, warf er ihr vor.

Was geschah denn? Sie sah die Nachrichten und vergaß sie gleich wieder. Der Bauer wartete vergebens auf eine Reaktion von ihr.

Im Garten schnitt sie leise singend Forsythien, die schon blühten, und stellte sie daheim in ein Einmachglas – in ihren Augen waren es gelbe Rosen, die ihr von jenem Verehrer gebracht worden waren, der ihr auch den

Ring geschenkt hatte. Eine Mischung aus Hugo und einem Millionär, so müsste er sein. Sie küsste den Ring und hatte damit wenigstens eine Hoffnung im Leben und die Fantasie, irgendwann aus ihrem öden Leben fliehen zu können, wenn denn mal einer käme.

»Ich bin froh, dass du wieder gesund bist«, sagte nun ihr Mann.

»Bin ich das?«, fragte sie ihn.

3

Marie wird schon geglaubt haben, das Bett mit weicher Mama sei das Leben. Nicht mehr, nicht weniger. Warm und sicher, aber eintönig. Doch früh am darauffolgenden Morgen wurde ein altes Ställchen in den noch etwas kühlen Garten der Schwägerin Greta gestellt, die nebenan wohnte. Eine neue Zeit begann. Die Mutter musste wieder im Feld arbeiten, es gab nun kein Vertun mehr. Man setzte das Kind warm gekleidet raus und ließ es dort zurück, ohne die Tante zu informieren.

Marie fühlte sich da draußen regelrecht bedroht von so viel frischer Luft. Es summte und flirrte um sie herum, krabbelte, roch, stank. Wolken wie Wattebäusche, zwitschernde Vögel. Sie reckte ihren Kopf hoch, über ihr das gesamte Himmelszelt, die Sterne, der Mond und die Sonne, angrenzend vielleicht sogar andere Welten. Wer weiß das schon, das Kind sicher nicht, das wusste noch gar nichts, doch spürte etwas. Hätte Marie schon einen Verstand mit etwas Anleitung, würde sie auch die ganze Erde unter sich spüren, wo es unter der Kruste unfassbar tief runterging und wo es nach Feuer roch.

Aber das alles war zu viel für Marie, ihre Empfindung war diffuse Angst. Sie hätte jetzt gern eine Begrenzung gehabt, vielleicht eine freundliche Umarmung, ein Gespräch, so was halt. Es in ein Ställchen zu setzen war überhaupt lächerlich, das Kind war drei Jahre alt, es hockte darin wie in einem viel zu kleinen Käfig. Die meisten Kinder in Maries Alter gingen in den Kindergarten, spielten mit Gleichaltrigen und lernten Reime und Lieder von dicken Erzieherinnen, die sich sehr langsam bewegten und zu gern jeden Tag dasselbe taten und sagten. Wie oft am Tag sagten die einem, man solle die Nase putzen? Solch geduldige Menschen um sich zu haben hätte Marie gutgetan.

Maries Brüder waren in demselben Garten aufgewachsen, damals noch in der Obhut der Oma, doch die war nun verstorben. Alles sprach dafür, dass Greta nun diese Stelle einnahm. So sah die Planung der Eltern aus: Ab jetzt wird das Kind von der Tante versorgt. Eine Frau hat schließlich das Kinderversorgen im Blut, auch wenn sie ledig ist. Wer Pflanzen so fein versorgt, kann auch Kinder pflegen, zumindest einen Blick auf das Mariechen werfen, es quasi nebenher nähren und tränken. Ansonsten gab es nichts zu tun, so ein Kind wuchs im Grunde von allein. Natürlich mal eine Windel wechseln, mehr brauchte die Tante nicht tun, mehr hatte Marie nicht zu erwarten.

Eines Morgens im Frühjahr horchte also die Tante auf, lauschte einem unbekannten Geräusch nach, das vom Garten herzukommen schien. Schob die Gardine beiseite und sah das fremde Kleine in einem Ställchen im klammen Gras sitzen. Jeder andere hätte erbärmliches Mitleid mit ihm gehabt, wäre herbeigerannt, hätte den frierenden

Wurm auf den Arm genommen, gewärmt, geknuddelt. Nicht aber Greta, sie schaute bloß und erkannte wenig. Blumen und Gemüse waren ihr vertraut, alltägliche Dinge wie die Müllabfuhr auch, aber keine fremden Besucher in ihrem Garten. Menschen mied sie und sprach seit Jahren nur noch mit ihren Kakteen; auch mit den Stauden und der bloßen Erde kam sie wunderbar zurecht. Als Gärtnerin betrachtete sie die Tage oder Jahre nicht hintereinander, wie einen Speer, der bei der Geburt abgeschossen wird und zeitlebens seinem Ziel entgegenschnellt, sondern eher als eine langsame Spirale ohne Anfang und Ende. Den Jahreszeiten folgend wurde man auf Dauer höchstens etwas klüger.

Das plärrende Etwas aber kam ihr vor wie eine Art Plastiktüte, die hier hineingeweht worden war, nur eben mit Ton. Sie erinnerte sich an die anderen Tüten, die vor Jahren im Garten gelegen und gebrüllt hatten. Auch umzäunt, auch bunt, dazu lästig quengelnd. Allem Anschein nach sollte sie nun die Rolle der Oma übernehmen. Doch das wollte Greta nicht. Keiner konnte sie zwingen, sich um dieses Kind zu kümmern, sie wollte keine Menschen um sich haben, egal ob groß oder klein. Sie war eine *homo flora,* und so jemand scherte sich nicht um heulende Tüten im Garten. Sie schob die Gardine zurück und frühstückte weiter.

Marie saß im Ställchen, hielt die lächerliche Nuckelflasche in Händen, quengelte, schrie. Das Braun um sie herum war ihr fremd, das erste zarte Grün bestürzte sie, nie zuvor hatte sie solche Farben gesehen. Sie horchte auf, heulte, beruhigte sich, trank einen Schluck, weinte weiter, rief beinahe zwanzig Minuten nach der Mutter, verstummte, schluchzte nun herzerweichend, war ausgesetzt. Kalt war es, fühlte sich an, als beiße man sie in die Finger. Sie kannte das Draußen noch nicht. Marie betrachtete mit erschreckten Augen die Baumwipfel, die im Wind hin und her wankten. Sorgte sich, hoffte, dass die nicht auf sie stürzten. Hätte vorsichtshalber beten können, dass sie nicht kippten, kannte aber noch keinen Gott. Hätte sonst bitten können, dass einer hier auftauchte, der die Futterzeiten für Kleinkinder kannte, sich dazu unbedingt Schlafzimmertemperaturen gewünscht. Alles anders, vor allem kalt. Das fühlte sich an, als steche man sie überall. Ein Atemzug, der die Lunge piken kann. Das soll weg, dieses Gefühl, und zwar schnell, sonst kommt noch Kälteres und vertilgt sie mit Haut und Haar. Die Fingerkuppen werden abgepflückt und verschluckt von Fremden.

Marie hatte es wirklich mies getroffen. In was für eine Familie war sie da geraten? Das kleine Mädchen spürte, dass hier draußen Entscheidendes fehlte: Ein Bett und die Mutter. Es brüllte wieder los, weil es keine Menschenhaut mehr spürte, keinen Halt, keine Begrenzung, keine Wärme. Erst sehr viel Mutter, rund um die Uhr, nun mit einem Schlag weniger als nichts. Keine Milchreste mehr für sie, nicht ein Tropfen Mutterschweiß, kein warmer Stinkepups von ihr, nicht mal Spucke, die ihren verschmierten Mund säuberte. Nur das komplette Gegenteil, grün und wankend, dazwischen Sträucher. Betörender Duft und endlich Sauerstoff, köstlich kühler Sauerstoff. Der wird ihr Grundnahrungsmittel werden, das ahnte sie. Nur war das alles im Moment so unbekannt, so arg beängstigend.

Eine Böe strich über ihre Wange, berührte den Hals, streichelte sie, reizte die Augen, Tränen liefen. Hätte sie scharfe Zähne, hätte sie jene gern gebissen, die ihr die Kälte zumuteten. Wer ist schuld an der Misere? Vermutlich das Feld, das die Mutter hacken sollte, statt mit ihr daheim zu kuscheln. Das Feld war schuld, ganz klar. Eines Tages, wenn sie groß wäre und endlich tun könnte, was sie wollte, würde sie alle beißen und bespucken, die ihr die Mama weggenommen hatten. Wenn sie selbst entscheiden dürfte, würde sie sich wieder zu ihr ins Bett legen, da gehörte sie hin. Doch es würde lange dauern, bis sie gut genug beißen und spucken könnte, um sich damit wirkungsvoll durchzusetzen. In der Ferne am Fenster stand eine erdfarbene Figur, die verdutzt auf das Kind schaute und wieder verschwand.

Nach einer Weile kam sie aus dem Haus, diese Fremde. Lief kreuz und quer durch den Garten und inspizierte jede einzelne Pflanze. Schneeglöckchen blühten noch, Greta berührte sie liebevoll, als wolle sie ihnen zum Gruß die Hände schütteln. Marie schaute mit halb offenem Mund zu, was dieser neue Mensch tat. Nach und nach entfernte sie den Mulch, der unter den Gewächsen lag, grub mit dem Spaten, teilte einige Stauden, um sie zu verjüngen. Das Kind stand im Ställchen, hielt sich am Holz fest und ließ diese Frau nicht aus den Augen.

Gänseblümchen waren erste Frühlingsboten. Greta ging in die Hocke, pflückte drei Blümchen, steckte sie sich in den Mund, kaute und schluckte sie herunter. Schaute auf das Kind und fragte es stumm, ob es auch welche wolle? Das Kleine öffnete seinen Mund wie ein kleiner Spatz. Greta kam und legte dem Kind drei Gänseblümchen auf die Zunge, Marie kaute brav, das brachte Greta zum Lächeln.

Und dann geschah etwas Ungeheuerliches: Greta sprach zum ersten Mal seit vielen Jahren: »Es heißt, wer die ersten drei Gänseblümchen im Frühjahr isst, wird das restliche Jahr von Zahnschmerzen, Augenbeschwerden und Fieber verschont. Wie auch immer, Vitamin C ist auf jeden Fall drin, Magnesium und Eisen dazu.« Marie verstand nichts, konnte ja auch nicht wissen, wie sensationell das war, fühlte sich aber pudelwohl, so freundlich angesprochen zu werden. »Man sagt, das Gänseblümchen steht für Unschuld und Reinheit, wie du, armes Kind. Stellen die dich einfach hier raus und sagen kein Wort. Unfassbar!« Greta ging in die Hocke, pflückte noch ein paar Gänseblümchen, fütterte damit das Kind und fügte hinzu: »Wenn ich nach einem langen Winter mit meinem Fuß auf sieben Gänseblümchen gleichzeitig treten kann, dann ist Frühling.« Marie brabbelte etwas, nach einem vernünftigen Wort klang das nicht. Greta schüttelte den Kopf: »Drei sollst du sein und kannst nicht mal richtig sprechen! Meine Güte, wie asozial, so eine Bagage!«

In diesem Moment kam Hugo in den Garten. Sieh mal an, hätte Marie denken können, man kannte sich also. Dem Mann tat das Mariechen leid, so ganz ohne Spielzeug. Er fragte Greta, ob es ihr recht sei, wenn er dem Kind etwas schenke, worauf sie zustimmend nickte und ihm freundlich drei Gänseblumen reichte, die er wie selbstverständlich in seinen Mund steckte. Hugo hielt sein Versprechen. Er ging fort und kam nach einigen Stunden zurück, um Marie einen kleinen runden Spiegel zu bringen, wie Wellensittiche ihn haben, damit sich das

Mädchen in Gesellschaft wähnte. Den hängte Hugo allen Ernstes an die Gitterwand von Maries Laufställchen und verschwand.

Marie beschaute sich neugierig im Spiegel. An der linken Wange klebte ein winziges grünes Blatt, am Kinn hing Schorf. Ihre Augen flehten um Beachtung, das Spiegelbild gab sie ihr: *Leg deine Hand auf deinen Kopf. Streichle dich selbst, wenn es sonst niemand tut. Klopf alles ab, Brust, Bauch, Knie, Fuß, das tut gut.* Das Kind tat das etliche Male und wusste nicht zu sagen, wem die Stimme gehörte, die ihm zuredete. Eine wohlwollende, keine befehlende, und schon gar keine ängstliche Stimme; das konnte sie sehr gut gebrauchen. Marie lächelte, und der Spiegel lächelte zurück. So geht das also, nett wie bei Mama, nur draußen und unter Fremden. Ach, wie schön es ist, ein Gegenüber zu haben, einen Begleiter im Leben.

»Wie heißt du denn?«

»Spiegel.«

Greta stand abseits und schaute dem Kind schmunzelnd zu, wie es sich mit dem Spiegel vergnügte, das eigene Bild zart küsste, dem neuen Gegenüber Geschichten erzählte aus der jüngeren Vergangenheit, sich selbst streichelte und klopfte.

Zuerst saß Marie weiter im viel zu engen Ställchen und tat, als sei sie ein seltener bunter Vogel im viel zu kleinen Käfig. Danach starrte sie wieder auf die fünf Baumkronen, die in ihrer unmittelbaren Nähe wankten. Waren das Freunde, diese Riesen, oder würden die sich auf sie stürzen? Manche ihrer Blattformationen wirkten auf sie wie aufgerissene Mäuler oder schlagende Hände. Marie ließ sie nicht aus den Augen und stellte nach Tagen genauer Beobachtung erleichtert fest: Sie fallen oder schlagen wohl nicht.

Die Mutter hatte Marie zwei Flaschen ins Ställchen gelegt, als sei Marie nicht bereits drei Jahre alt, sondern noch ein Baby. Eine war mit Kakao gefüllt, die andere mit Wasser. Vor Aufregung oder aus Langeweile trank Marie schon am Vormittag beide Flaschen leer. Der Bauch tat ihr weh, sie riss am Hosenbund, musste mal. Alles landete zügig in der Hose. In der zweiten Hälfte des Tages hatte das Kleine nichts mehr zu trinken, war hungrig. Die Familie ging wohl davon aus, dass Greta ihm kleine Stücke Brot mit Käse oder Wurst und sauren Gurken anbieten würde. Das machte sie aber nicht. Tat einfach, als sei niemand da. Marie bekam Durst, die Zunge blähte sich im Mundraum auf wie ein dicker Kloß. Es ging ihr schlecht, der Popo wurde wund, war bald blutig rot vom ätzenden Schiss, spätestens jetzt hätte Greta eingreifen müssen. Marie brüllte und schrie, bis ihr die Luft ausging, und schluchzte danach nur noch verzweifelt, hoffte auf Erlösung, doch niemand kam, keiner wickelte und nährte sie. Bald fehlte ihr die Kraft, sich bemerkbar zu machen.

Damit hätte Greta rechnen müssen: Das Kind litt sehr da draußen und seine Eltern kümmerten sich nicht. Auf diese Art und Weise sollte Greta also regelrecht gezwungen werden, einzuschreiten und das Kind zu versorgen. Das war Erpressung, sie wollte nicht darauf eingehen. Sollte die Verwandtschaft sich kümmern. Das tat sie aber nicht, alle Arbeitskräfte waren im Frühjahr auf den Feldern.

Greta arbeitete im Garten, sie war brummig und sorgenvoll zugleich, sie wollte nach dem Kind sehen und es zugleich nicht wahrnehmen. In all den wortlosen Jahren hatte Greta sich die Menschen abgewöhnt. Ein Postbote ließ sich noch ertragen, nicht aber die Blagen ihres Bruders. Dessen unverschämt freche Buben rissen oft Blumen heraus und traten in die Beete, sie waren in Gretas Augen giftige Pilze, ihre geschwätzige Schwägerin rostiger Stacheldraht, der Bruder ein Minenfeld.

Greta ermutigte sich selbst. Was konnte das Mariechen dafür, dass es in solch einer Familie gelandet war. Es war ja doch süß, eingepackt in bunte wasserdichte Kleidung. Wenn Regen fiele, wäre es geschützt, das musste doch reichen. Aber es wollte sich aus der Kleidung schälen, weil die vollgeschissen war. Das Kind gestikulierte verzweifelt und machte alarmierende Geräusche. Eine wertvolle Staude hätte Greta versorgt, ein heulendes Plastik nicht. Sie hätte es aufsammeln und wegwerfen können, hatte aber den Eindruck, sie würde es von ganz allein loswerden. Sie wollte ihrem Bruder keinen Gefallen tun, dem nicht!

Mit einem schmalen Rechen ging Greta ihrer Arbeit nach, zog ihn vorsichtig über den Rasen, eins ums andere Mal. Kratzte das abgestorbene Moos heraus, damit der Rasen Luft und Sonne bekam. Sie vertikutierte nach alter Manier, beständig Zug um Zug aus eigener Kraft. Später ging sie noch mal mit einem Federbesen aus Stahl darüber, erneut Zug um Zug. Marie hatte aus Erschöpfung längst aufgehört zu plärren, sie verfolgte Gretas Bewegungen, vor und zurück, vor und zurück, beinahe den ganzen Tag. Davon fielen dem Kind die Augen zu, es schlief ein wenig. Wachte wieder auf. Greta tat noch immer, was sie vorher getan hatte, Zug um Zug, ohne Unterlass. Das Kind plärrte wieder ein wenig, war jedoch schon leiser als zuvor. Hatte Hunger und Durst, aber schwieg. Sah Greta zu, wie sie den Rechen zog. Marie ließ sich davon einlullen, wurde ruhiger, spürte den Wind und beobachtete die Bäume noch aufmerksamer. Wie hoch sie waren!

Die langen dünnen Äste der Birke schüttelten sich wie die Haare von Mama, Blätter regneten ins Ställchen. Dann zog sich der Wind plötzlich für Sekunden zurück, die Birke schwieg. Wer gab das Signal dazu? Man konnte glauben, hier wird ein Theaterstück gegeben, Regie führte der Wind. Die Rotbuche raschelte, stärkerer Wind rauschte heran, die Birke rührte sich wieder, die Rotbuche schwieg. Und nachdem sich die Böe etwa zehn Sekunden ausgetobt hatte, erneut absolute Stille. Marie schaute zu Greta, die Berge von Moos aus dem Rasen zog; nicht zu glauben, was da zum Vorschein kam.

Das Kind und Greta waren sicher Teil der Theatertruppe oder zumindest das Publikum. Marie sah den Wind kommen, wenn die Blätter und Äste leicht schaukelten, und spürte die Ruhe, wenn er fort war. Diese Bewegungen wiederholten sich wie ein großer Atem. Sie konnte den Wind nicht bitten, Richtung und Intensität zu ändern, der ließ sich nichts sagen. Man musste ihn hinnehmen wie den brennenden Po. Bald wankte Marie mit den Bäumen, orientierte sich an der Rotbuche, ihr konnte man sich anvertrauen.

Greta machte unverdrossen weiter ihre Arbeit, gönnte sich keine Pause. Das Kleine verfolgte den großen Busenmenschen mit bittenden Blicken. »Nähre mich! Hast du was zu trinken? Kratz mich auch wie den Rasen, bitte schön. Oder kämm meine Haare, putz unbedingt meinen Po.« Hunger hatte Marie auch, aber es kümmerte sich niemand, jedenfalls nicht die Rasenkratzerin. Die Rotbuche lehnte die Mutterschaft ebenfalls ab. Marie gurrte zu Greta hinüber: Noch schrie sie nicht, sie machte auf süß, hob flehend die Arme, obgleich die kraftlos waren. Greta schaute konsequent weg. Keine Reaktion auf das Kindchenschema, Blick einzig auf den Rasen gerichtet. Am Spätnachmittag verschwand die Tante erschöpft im Haus, ohne Abschiedsgruß. Marie blieb unversorgt, weinte sich in den Schlaf.

Am Abend wurde das Kind von der übermüdeten Mutter aus dem Garten geholt und in die Wanne gesetzt. Marie schrie vor Schmerzen, weil der Popo brannte. Die Mutter sah das Malheur und fluchte. Zeigte es dem Vater. Man schimpfte nun gemeinsam über Greta und schmierte dick weiße Creme auf das wunde Rot. Tee gaben sie ihr und endlich was zu essen, anschließend durfte das Kind im Bett der Mutter liegen, weil die gern mal was Warmes zum Kuscheln hatte und der Vater gar nicht schmusen mochte. Marie fand das Leben wieder schön, alle Not des Tages war vergessen. Mutterwärme gab es genügend, die Verhältnisse waren wiederhergestellt.

Falsch gedacht! Am nächsten Tag setzte sie der Vater in den Garten, die Flaschen mit Kakao und Wasser wie gehabt. Marie war zu jung, um sich zu erinnern, dass das schon gestern nicht gereicht hatte. Der Vater schon, er klingelte bei seiner Schwester und mäkelte aufgebracht, sobald sie sich in der Tür zeigte: »Kümmer dich gefälligst! Windeln wechseln. Auch mal Luft dranlassen an den Arsch, auch mal kleine Stücke Brot ohne Kruste geben. Gemüsesuppe kochen, so was. Du kannst doch kochen, oder nicht?« Er erwartete keine Antwort: »Dreimal täglich, wehe, wenn nicht!« Drohte und verschwand. Kein Gruß, kein »Bitte« oder »Danke«, als würden solche Worte Geld kosten. Er winkte auch dem Mariechen nicht zum Abschied, sondern ließ sein Kind einfach zurück, eingezäunt, ohne Dach über dem Kopf dem Wetter ausgesetzt.

Bis Mittag hatte Marie erneut beide Flaschen getrunken, saß da, rülpste und spielte mit ausgerupften Gräsern. Blickte um sich, gurrte etwas, strich mit den Fingern über das Grün. Lächelte einige Grashalme an. Später änderte sich der Wind, wurde plötzlich eiskalt, Kälte kroch unter ihre Kleidung. Das Kind litt, rollte sich ein, brach schließlich ein wie ein geknickter Halm. Das Wetter war ein Mistkerl! Es traf nicht nur das Kind, sondern quälte alle, die draußen waren: Bäume, Hecken, Hauswand, allen war kalt. Marie kauerte sich in eine Ecke des Ställchens. Es lag ja sogar eine Wolldecke parat, doch Marie konnte sich damit nur mit Mühe allein bedecken. Der Luftzug packte den Hals, die Stirn. Nur einen Tag später nahm der Wind einer Tanne einen riesigen Ast, regelrecht abgeschüttelt hatte er ihn. Er wird nie mehr hochkommen, stattdessen unten im Moos verrotten. Käfer, Würmer, Pilze und Larven hätten lange an ihm zu kauen. Die Eltern auf dem Feld rechneten fest damit, dass Greta das Kind bei Kälte und Wind ins Haus holte. Die Oma hatte das wie selbstverständlich getan. Greta aber machte sich einzig Sorgen um ihre Kakteen. So erfuhr Marie schon früh, dass Hilfe rar und Bedrohliches in ihrem Leben an der Tagesordnung war.

Marie trug die schlimmste Erkältung ihres jungen Lebens davon, hatte Fieber bekommen, auch das noch! Zwei Wochen musste die Bäuerin daheimbleiben, weil Greta weiterhin nicht willens zu sein schien, sich zu kümmern. Sie legte sich mit ihrer Tochter ins Bett, ganz wie gehabt. Marie hörte ihrer Mutter zu, die plapperte wieder los, das Kind verstand kaum was, aber der vertraute Ton der Erzählung war herrlich anzuhören, wie ein Wasserfall blubberte die Mama: »Mariechen, ich würde gern mal so ein Kleid anziehen, mit nem richtigen Reifrock drunter. Weißt du, was ich meine? Nein, das kennst du ja nicht. Das tragen die feinen Frauen in den alten Filmen. Und dazu eine enge Taille, wie ich sie nie gehabt habe im Leben, nicht mal mit sechzehn. Und ich träume von einer Frisur, lange kastanienfarbene Haare hochgesteckt. Dazu saubere weiche Hände. Und reiche Eltern mit riesigen Plantagen, auf denen Sklaven die Arbeit erledigen, nicht ich. Ach, wäre das schön! Weil ich auf der Plantage nicht helfen muss, sind meine Hände zart und sauber. Und ich habe einen reichen Vater, der mich vergöttert. Wäre das nicht schön?«

Marie liebte diese vielen Worte, prägte sich so viele ein wie möglich, nutzte sie aber nicht, verwahrte sie bloß. Ansonsten genoss sie die Nähe zu Mutters warmem Körper: »Wir waren reich, wir machten in Tabak und Kaffee, so was. Ich verliebte mich in den Erben der Nachbarplantage, Ashley hieß er. Aber der wollte partout seine langweilige Cousine Melanie heiraten. Dann kam Rhett, ein unverschämter Kerl, bei dem ich schwach wurde, was allerdings niemand wissen durfte. Ja, und plötzlich war Krieg, die Männer mussten an die Front. Melanie heiratete vorher Ashley, was für ein Schock für mich. Aus Trotz nahm ich einfach mal irgendwen zum Mann, wie hieß der noch? Charles, Melanies Bruder – er bedeutete mir gar nichts. Wenige Wochen nach der Hochzeit ist er gefallen, im Krieg von Kugeln getroffen. Und von mir, der Witwe, verlangte man, mich schwarz zu kleiden, dabei steht mir die Farbe gar nicht. Das war so was von unmöglich! Und danach passierte viel, mein Vater stürzte vom Pferd, ich musste Geld auftreiben für unseren Hof. Arbeiter bezahlen und so was. Rhett gab mir nichts, der lachte mich noch aus, als ich ihn im Gefängnis besuchte. Wie war der da hineingekommen? Weiß nicht mehr. Ich hab noch mal irgendwen geheiratet, der reich war, Frank. Ein Trottel. Dem hab ich nur Ärger gemacht, das tut mir bis heute nicht leid. Letztlich ist er wegen mir gestorben. Ich sollte mich schämen!«

Marie schien an dieser Stelle sogar zu nicken: Ja, du bist auch heute noch ein böses Mädchen.

»Anschließend heiratete ich dann doch diesen Rhett Butler, weil der mich wollte und mich abgöttisch liebte. Keine Ahnung, warum. Reich war er auf jeden Fall. Wir bekamen eine kleine Tochter. Das hat ihn so glücklich gemacht! Rhett gab mir alles, was ich wollte. Von meiner Seite hätte es so bleiben können: Riesenvilla, hübscher Mann, ein kleines Töchterchen, Bedienstete. Er aber nörgelte, er hätte gern noch mehr Kinder mit mir, doch was sollte dann aus meiner Taille werden? Futsch! Ich hatte Rhett deswegen nicht mehr an mich rangelassen. Na, der war vielleicht sauer, kann ich dir sagen. In Wirklichkeit ging es mir immer nur um Ashley, den ich mehr als jeden geliebt habe. Dagegen konnte ich nichts machen. Dann passierte noch mal sehr viel. Melanie starb an einer Schwangerschaft. Ich hatte ne Fehlgeburt, und unsere kleine Tochter fiel vom Pferd und war tot. Und in dem Moment merkte ich erst, dass ich meinen Mann Rhett wirklich liebte. Zu spät. Der wollte von mir nichts mehr wissen. Also ging ich nach Hause und kümmerte mich um unseren …« Das letzte Wort war nicht mehr zu verstehen, sie nuschelte es im Schlaf. Marie hatte den langen Bericht so genossen! Wenn die Mutter doch nur weitererzählen würde, aber sie war eingeschlafen und schnarchte laut.

Der Vater ging unterdessen einmal mehr zu seiner Schwester hinüber und faltete sie zusammen. Zeterte, wenn sie sich nicht gefälligst um das Mariechen kümmere, werde er sie aus dem Haus werfen. Greta murmelte ängstlich, er habe dazu kein Recht. Sie habe hier Nießbrauch bis zum Tod. Da staunte er, seine Schwester war gar nicht so dumm, wie sie immer tat, kannte so ein kompliziertes Wort. Er drohte, sie solle entweder das Kind versorgen oder mit ins Feld gehen und dort arbeiten, damit die Bäuerin sich um das Kind kümmern könnte, oder sich zum Teufel scheren. Nach diesen Worten verschwand er.

Diese Tirade ließ Greta nicht kalt. Das Grundstück und damit auch der Garten gehörten ihm, das alte Haus hingegen war Greta überschrieben worden. Er hatte keine Handhabe, um sie davonzujagen, sondern war per Testament verpflichtet, das Haus in Schuss zu halten und Greta monatlich Unterhalt auszuzahlen, ohne jede Bedingung. Er konnte ihr nichts, und doch fürchtete sie ihn, weil sie wusste, wie skrupellos er war.

Die Pflanzen und Blumen, mit denen Greta lebte, wehrten sich genauso wenig wie sie. Vorbilder sollten ihr die Kakteen sein oder die mutigen Brennnesseln. Auch die Disteln waren mutig und ganz besonders die Giftpflanzen. Der Goldregen blühte so lieblich, der Verzehr der Blüten war zu spüren, elend wurde einem davon, wenn man sie in den Mund nahm. Lebensgefährlich wären erst die schwarzen Samen, damit könnte sie ihren Bruder umlegen. Doch was würde dann aus der Familie? Wenn der Bruder doch nur gutherzig wäre. Wenn.

4

Ein neuer Versuch begann: Marie war wieder gesund, durfte an die frische Luft, der Vater setzte das Kleine morgens in das lächerliche Ställchen, zwei Flaschen dazu. Sie sollte einfach einen festen Platz haben, brav da sitzen und still sein. Aufwachsen. Nicht herumlaufen ohne Aufsicht. Von Greta keine Spur, dennoch ging er unbeschwert davon.

Nach wie vor wurde Greta von niemandem mit Erklärungen unterstützt, wie sie mit einem Kleinkind umzugehen habe. Was es brauchte, wenn es heulte. Wie man es zur Sauberkeit erzog. Es machte nämlich weiter kräftig in die Hose, das Balg, dabei war es viel zu alt für diese Schweinerei. Wie viel Schlaf brauchte es? Musste es Medizin nehmen oder litt es an Allergien? Brauchte es Impfungen? Nichts davon erfuhr Greta, Bauernkinder hatten eh keine Probleme mit Krankheiten, geschweige denn Allergien, die trafen bloß die verweichlichten Städter.

Marie schaute sich um, alles hier war heute feucht und kühl. Ihre Nasenspitze spürte es, die Fingerspitzen auch. Die Füße. Alles kalt. Die Sonne würde sie später verwöhnen, noch war es bewölkt. Kleinste Wasserperlen hingen aufgereiht auf gezackten Blatträndern, glitzerten wie eine herrliche Halskette mit etlichen Brillanten. Spektralfarben blitzten, ein Wunder der Natur, herrlich anzusehen und darüber hinaus kostenlos. Wer früh aufstand, wurde damit belohnt. Marie mochte das Glitzern sehr gern, das hatte sie mit ihrer Mutter gemeinsam, die Liebe zu Bling-Bling. Wer schliff in der Nacht gewöhnliche Wassertropfen zu Brillanten? Marie träumte: Wenn ihre Beine länger wären, würde sie aus dem Ställchen klettern, zu den Büschen gehen und sich das Glitzern an den Bauch binden oder um den Hals. Was für eine Pracht! Es gehörte ihr, sie hatte es zuerst gesehen, musste das Schmuckstück nur im Auge behalten, damit niemand es stahl.

Kurz wurde sie abgelenkt, in den Tannen wuselten einige Eichhörnchen, die fand sie so wunderbar. Marie verhielt sich mucksmäuschenstill, damit die Tiere nicht flüchteten. Sie beobachtete glückselig, wie die niedlichen Tiere an allem knabberten, was ihnen zwischen die Pfoten kam. Wie sie hoch oben in den Bäumen ihre Nester zimmerten. Sie hatten mehrere Wohnungen im Baum, teilten die Kobel und tauschten sie untereinander. Bald wagte sich das eine oder andere Tierchen näher zu dem menschlichen Kleinen, schließlich besuchten sie Marie, die Gitter ihres Ställchens hielten die Tiere nicht auf. Sie schnupperten an Maries Füßen, weil sie stillhielt und womöglich nach schmackhaften Walnüssen roch, wer weiß. Die Tierchen schwangen sich behände von Ast zu Ast, flogen regelrecht, spielten Fangen miteinander. Ihre Freunde rannten in wahnwitziger Geschwindigkeit um einen dicken Baumstamm, jagten einander in tausend Umdrehungen. Wenn sie doch nur mitturnen könnte! Doch sie war nicht frei, hatte keinen buschigen Schwanz, war zu schwer, ihr fehlte die Leichtfüßigkeit, um sich von Ast zu Ast zu hangeln. Ach, wenigstens machte es ihr Freude, zuschauen zu dürfen. Weil Marie harmlos blieb, leckten die Eichhörnchen bald ihre Füße. Das Mädchen streckte die Hand aus, ließ sie an der Flasche naschen, freute sich, wie knuffig sie aussahen.

»Wir gratulieren nachträglich zum Geburtstag!«, pfiffen die Eichhörnchen.

Marie staunte: »Hatte ich den gerade?«

»Ja klar«, quiekten sie im Chor.

»Nein!«, widersprachen andere.

»Du bist drei, in dem Alter ist unsereins schon tot, vom Mäusebussard gefressen oder ganz matt und leise vom nordamerikanischen Virus dahingerafft.« Marie stockte nun der Atem – man war vom Tod bedroht? Doch die Tiere kicherten, statt zu schaudern, der Tod machte ihnen nichts aus, sie kannten ihn gut: »Die großen Dunklen sind robust, wir Kleinen mit Puschel am Ohr sind gefährdet. Hast du einen Puschel am Ohr?«

So ein Mist! Kurz hatte sie sich ablenken lassen, und als sie sich nun umschaute, war die Kette gestohlen. Das Kind bebte vor Zorn, jammerte aufgebracht, verjagte so unabsichtlich die neuen Freunde mit seinem wütenden Weinen. Wie konnte das passieren, wer hat den Glitzer genommen? Es hatte niemanden bemerkt.

Maries bitteres Aufheulen ließ Greta aufmerken. Sie näherte sich, ohne einen Blick auf das Kind zu werfen, wollte nach dem Rechten sehen und zugleich den Anschein wahren, sich nicht zu sehr zu kümmern. Es schien alles in Ordnung zu sein, das Kind hatte wohl einfach nur so aufgeheult, zur eigenen Unterhaltung vielleicht.

Jeden Morgen lockte die Halskette, und jeden Mittag war sie gestohlen. Die Sonne marschierte immer in derselben Richtung und Geschwindigkeit durch den Garten und dennoch jeweils ein kleines Stück versetzt. Dabei leckte sie das Gras und die Blätter trocken. Die Sonne könnte die Diebin sein und der Tau der Juwelier! Das war allerdings eine unmögliche Verbindung. Weshalb begehrte ausgerechnet die Sonne eine Halskette aus Tautropfen?

Langsam begriff Marie ihre Welt und gewöhnte sich an das, was war: Jede Kühle wich irgendwann einem warmen Tag oder einem Regentag, je nachdem. Die Sonne hatte gegen Mittag mehr Kraft, ihre Strahlen wärmten schon etwas. Schnell erkannte Marie den Rhythmus und wusste, dass alles mal besser und manchmal auch schlechter werden konnte. Sonnenschein wurde begrüßt, bis es zu trocken war. Regen wurde begrüßt, bis es zu nass wurde. Keiner konnte das erzwingen. Tag und Nacht, drinnen oder draußen, ein ständiger Wechsel: Vom Bett ins Gras, vom Gras ins Haus, dann wieder ins Bett, wieder zurück ins Gras. Ihr ist kalt oder warm, es ist hell oder dunkel. Alles Perioden, Licht an, Licht aus. Wind an, Wind aus. Feuchtigkeit an, Trockenheit aus. Alles geschah ihr. Schön, nicht schön, furchtbar, geht so, sehr fein. Das also war das Leben.

Irgendwann fiel den Eltern doch noch auf, dass sie Maries Geburtstag vergessen hatten. Man feierte das kleine Mariechen nachträglich, alle kamen in den Garten und gratulierten. Sogar Geschenke gab es, sie bekam rote Lackschühchen mit Absatz von den Eltern, oh wie süß die Mutter die fand; sie wünschte sich, solche Schuhe selbst tragen zu können, in dieser kleinen Größe. Wünschte sich, drei Jahre alt zu sein und das ganze Leben neu beginnen zu können, alles ließe sich ändern. Keine arme Familie, sondern eine reiche. Kein Bauer, sondern ein Bürgermeister zum Mann. Sie träumte und träumte, hörte nicht mehr zu. Die anderen Anwesenden hatten ihre Bedenken. Wo wird die Kleine rote Schühchen tragen können? In der Kirche vielleicht, zu einer Hochzeitsfeier, wenn Mariechen Blumen streut. Dazu passte dieses Geschenk ganz prima. Aber es stand keine Hochzeit an.

Später fragte Greta ihren Bruder und seine Frau genervt, weshalb ausgerechnet solch ein Geschenk, das Kind könne mit so einem Quatsch hier im Dorf nichts anfangen. Also, warum? Die Mutter erklärte, es sei ein Schnäppchen gewesen. Die Bäckerin hatte die Schuhe für ihre Nichte gekauft. Der waren sie zu klein, sie hat die Ware nicht rechtzeitig zurückgeschickt und man hat sie für wenig Geld ergattert: »Marie passen die Schuhe doch, sie freut sich, siehste das nicht?«

Greta konnte nur mit dem Kopf schütteln: »Habt ihr sie inzwischen im Kindergarten angemeldet?«

Ihr Bruder schaute sie erstaunt an: »Seit wann geben wir die Kinder da hin?«

»Ab jetzt.«

»Wozu? Du hast einen Garten, Marie ist ein Kind! Zählen wir das zusammen, haben wir einen Kindergarten, und zwar ohne Gebühr. Wir beide waren doch auch nicht im Kindergarten.«

»Oma hat uns versorgt, nun ist sie tot.«

»Richtig, und du? Bist nicht tot, nehm ich an. Kümmer dich also um das Kleine, zumindest im Sommer. Wenn du's nicht machst, gehst du mit uns ins Feld, dann bleibt halt mein Moppelchen daheim, kauft sich selber rote Schuhe und versorgt in Ruhe das Kind. Irgendwas musst du tun, jeder von uns arbeitet mit. Du hast die Wahl.«

»Kauf dem Kind wenigstens anständige Schuhe.«

»Immer das letzte Wort haben wollen«, feixte der Bruder.

Eines Tages kam Greta dem Kind vorsichtig näher, schlich sich regelrecht an, als sei Marie ein scheues Tier, nahm die leeren Flaschen behutsam aus dem Ställchen. Ging ins Haus, kam nach einiger Zeit wieder hinaus und stellte eine warme Flasche mit Milch und eine kühle mit Wasser hinein. Das Kind trank gierig, schmatzte laut, es war eine Freude für die Tante, das aus den Augenwinkeln zu beobachten. Dann legte sich Marie auf die Seite und verdaute träumend. Das Mündchen nuckelte im Schlaf noch weiter. Greta deckte das Kleine zu, bevor sie lächelnd in ihrem Haus verschwand.

Das ganze Dorf hielt die Mittagsruhe ein, von ein bis drei Uhr schlief sogar der Hahn. Niemand würde es wagen, diese Ruhe zu brechen. Greta ging darum erst nach drei Uhr in den Geräteschuppen, holte den Rasenmäher heraus, hantierte daran herum. Es war ein sehr alter Spindelmäher, der im Deutschen Museum sicher seinen Platz bekäme. Generationen von Gärtnern hatten damit gemäht. Greta hielt ihn in Schuss, ölte hier, schliff da die Kanten. Und legte schließlich los, mähte mit präzisem

Schnitt. Weder in englischen Parks noch um prächtige Paläste herum konnte der Rasenschnitt präziser erfolgen als hier. Dazu ohne das lästige Knattern all der Rasenmäher, die die am Wochenende gebotene Stille verdarben. Wegen ihres alten Gerätes wurde sie von den Nachbarn belächelt, doch für sie war es eine Freude, solch einen bewährten Mäher mit Stil zu besitzen. Niemand im Dorf hatte Stil, nicht ein einziger. Stil wurde im Dorf mit »ie« geschrieben.

Greta ließ das abgeschnittene Gras an Ort und Stelle trocknen, wendete es im Laufe des Tages und streute schließlich das Heu am Abend als Mulch unter die Stauden oder wo immer es angebracht war, verteilte Dünger auf dem kurzen Rasen. Das alles gefiel Marie, diese gleichmäßigen Bewegungen mit dem Arm und der Hand; sie imitierte das ein wenig, als wolle sie helfen. Heutige Lektion: Rasen mähen, wenden, trocknen, den Boden unter Gewächsen damit bedecken. Vielleicht würde aus ihr auch mal eine Gärtnerin, wer weiß. Sie wollte sich alles einprägen, hatte ja doch in Greta die beste Lehrerin gefunden.

Die Tante rührte das an, sie konnte dieses Gefühl kaum verbergen. Die Arbeit war ihr tatsächlich vergnüglicher, wenn Kinderaugen ihr staunend folgten. Es könnte überhaupt schöner sein, wenn das Mariechen bleibt, obwohl es so winzig war, nichts wusste und nichts konnte außer dasitzen oder stehen und aufmerksam zusehen. Dennoch, sie sollte auf der Hut sein, mahnte eine andere Stimme, sollte das Kind über kurz oder lang abstoßen, sonst müsste sie es für immer versorgen. Täglich weinte es, täglich war es wund, war mit drei Jahren immer noch nicht sauber.

Dabei hatte es ja eine Mutter und einen Vater, sollten die sich damit mühen. Faule Bande! Greta musterte das Kleine kritisch, schnupperte an der vollgeschissenen Hose, Botaniker ließen sich gern von fiesen Stinkern begeistern. Sie ging in ihr Haus, kam mit einer Schüssel warmem Wasser und einem Waschlappen zurück, zog dem Kind die Hose aus, wusch den wunden Po, cremte ihn mit Wundsalbe ein und kleidete es wieder an. Kümmerte sie sich also doch, der Bruder würde triumphieren.

Die Wochen kamen und gingen, die Sonne wurde an manchen Tagen grausig stark, biss Marie Wunden ins Fleisch, nahm ihr die Luft, das Mädchen litt. Es wurde Mittag, sie schwitzte, wusste sich nicht mehr zu helfen. Greta brachte die Milch, brachte Wasser, merkte aber nichts von der Not des Kindes, schob auch das Ställchen nicht in den Schatten. Wo hatte sie nur ihre Gedanken? Marie musste es aushalten, bis die riesigen Bäume der Nachbarn ihre Arbeit aufnahmen und Schatten spendeten. Die Rotbuche tat ihr Bestes, am liebsten aber war ihr der große Ahorn mit seinem undurchdringlichen Blätterwald. Wenn der sich vor die Sonne stellte, ging es ihr gut. Aber ungeschützt in der prallen Sonne wurde es gefährlich. Sie quengelte und weinte, schrie und wimmerte, riss an ihrer Kleidung, bis sie zumindest das Hemd vorn hochgehoben hatte. Schließlich legte sich Marie auf die Erde, nackte Haut auf Gras mit Erdkruste. Breitete ihre Arme aus, krallte sich fest und hielt die Welt umschlungen. Kühle von unten genießen, Hitze von oben ertragen; weitere Erde aufkratzen, um auf neue Kühle zu stoßen. Nerven behalten – das wurde ihre Stärke, da machte ihr bald keiner was vor. Das Zweite, was Marie bald perfekt beherrschte, war das Sitzen. Nur wenige können so ausdauernd sitzen wie dieses Kind.

Im Garten blühten die Beerensträucher, die Birne, die Kirsche und die Pflaume. Greta behandelte heute zwei Baumstämme, deren Rinde eingerissen war. Sie schnitt gerade die betroffenen Ränder des Baumes, an dem sie arbeitete, wusch die Stelle mit sauberem Wasser ab. Schmierte die Wunde mit Wachs zu und verband den Stamm mit Jute. Strich nochmals eine dünne Schicht Baumwachs darüber und war zufrieden mit ihrer Pflege. Marie beobachtete alles neugierig und wünschte sich, ein Stamm zu sein, der sich gestoßen hat, wollte auch solch einen Wickel von Greta, irgendwohin, wo es schmerzte. Um den Bauch zum Beispiel, in dem es weiter grummelte. Oder ans Herz, wenn es wieder mal stach. Sie wäre gern ganz nah bei Greta, wollte durch den Garten gehen, immer hinter der Tante her. Greta verhielt sich wie die Sonne: Sie kam, leuchtete und ging. Sie kochte für Marie, gab ihr ein Brot mit Käse, setzte eine Tasse Kakao an. Mehr konnte man nicht verlangen im Leben.

Am Abend wusch man Marie grob unter dem kalten Wasserstrahl, Abhärtung nannte das die Mutter, Abhärtung sei gesund. Marie schrie wie am Spieß, denn es war überaus unangenehm für sie. Die Mutter war doppelt so rücksichtslos wie sonst, weil sie gleichzeitig mit dem Vater stritt, im Badezimmer brüllten sie sich an. Es ging um Geld, um Schulden. Marie schlotterte währenddessen in der Wanne. Würde ein Löwenzahn diese kalte Wäsche aushalten? Oder die zarte Rotbuche? Wenn sie groß ist, wird sie ihre alten Eltern mit dem Schlauch abspritzen und nach draußen in die Kälte stellen, damit sie mal wissen, wie das ist.

In der Nacht musste es ausgiebig geregnet haben. Grauer Dunst lag in der Luft, das Gras roch nach Maries schwitzendem Vater. Die Erde war nun genauso schlammig, wie sie es sich erträumt hatte. Leicht drang sie in die Erde ein, pulte tiefer denn je, ihr Zeigefinger glich einem zu kurz geratenen sehr fetten Regenwurm. Marie grub Dutzende Tunnel, die allesamt wieder einbrachen, pure Freude für das Kind. Von nun an gab es in ihrem Leben nichts Schöneres, als für Stunden mit dem Finger in warmweicher Erde zu pulen und sich sonst nichts dabei zu denken. Oder doch: Könnte man nicht Fluchtwege aus diesem Garten pulen, durch alle Widerstände hindurch, von Nord nach Süd? Man brauchte nur Ausdauer, um aus fingerdicken Röhren größere zu machen, durch die man später schlüpfen könnte, so weit es ging. Marie würde am anderen Ende der Welt in einem anderen Garten landen. Mit angenehmeren Verwandten, einer völlig neuen Familie, die sich um sie kümmerte. Wenn sie frei wäre, könnte sie wenigstens das Leben hinter der Ligusterhecke kennenlernen, könnte die Besitzer der großen Bäume besuchen und eigenständig Schattenplätze aufsuchen oder sich früh am Morgen die herrliche Perlenkette anlegen.

Marie bohrte darum stetig tiefer Richtung andere Welt und erwischte zwischendurch einen Regenwurm, der sich im Untergrund ringelte. Den nahm sie in die Hand, streichelte ihn, er war so angenehm kühl und feucht; ringelte sich in ihrer Hand, bangte um sein Leben. Sie wollte ihn säubern, hatte aber kein Wasser. Also sammelte sie genügend Spucke im Mund und legte den Wurm behutsam da hinein. Ihre Mundhöhle war seine Badewanne, ihre Zunge ein gründlicher Waschlappen. Sauber spuckte sie ihn wieder aus, betrachtete und streichelte ihn. Wo waren seine Augen, fragte sie sich, wo sein Mund? Hatte der Wurm einen Popo, und wenn ja, wo? War er ein Mädchen wie sie, oder ein Junge? Marie legte sie – oder ihn? – nach gründlicher Begutachtung wieder zurück ins Erdreich, damit die Hitze den Wurm nicht austrocknete. Am Abend war es Marie, die von ihrer übermüdeten Mutter unter einem Wasserstrahl geschrubbt wurde. Wie wäre das, ging es dem Kind durch den Kopf, wenn sie in Mutters großer Mundhöhle baden dürfte wie der Regenwurm in ihrer. Ob sie vorsichtig genug wäre? Sie hatte ihre Zweifel.

Noch ein kurzes Nachtgebet am Bett: *Lieber Gott, mach Marie fromm, dass sie in den Himmel komm*. Die Mutter verließ den Raum. Das Kind hatte genau zugehört: Es fehlte ein Buchstabe, der Satz war falsch, die Mutter merkte es nicht. Wer war das, dieser liebe Gott? Was sollte sie da oben im Himmel? Gab es dort Befestigungen, damit man nicht herunterfiel von der Wolke? Eine Leiter da hinauf war weit und breit nicht zu sehen. Wetter, Sonne, Regen kamen von dort. Hatte dieser Gott einen Regenschirm für sie parat? Oder einen Sonnenschirm? Niemand gab ihr Antworten.

Auch in der folgenden Nacht regnete es, am nächsten Morgen verfrachteten sie Marie wieder in den Garten.

Glitzerkette da, Glitzerkette fort. Erst frieren, dann schwitzen. Alles wie gehabt. Ansonsten quälte sie nun ein neues Geräusch, Tropfen klopften im Regenrohr, das störte Marie nach einigen Stunden enorm. Vom Haus her klackte es unaufhörlich, laut und durchdringend. Ahorn, hilf, bat das Kind. Bring das verflixte Regenrohr zum Schweigen! Doch der Ahorn konnte nicht helfen, war festgewachsen, kam nicht ans Haus, um die Regenrinne in Fetzen zu reißen. Das hätte nur Greta gekonnt, aber die störte sich nicht an dem elenden Klack-klack-klack. Gretas Ohren waren wohl schon lange taub. Auch ihre Augen für die meisten Dinge verschlossen, ihr Kopf insgesamt vernebelt, ihr Herz erst recht, alles auf null gestellt. Nur für die Blumen, die Kakteen und das Gemüse nicht, da hörte sie die Flöhe husten. Der Vater hätte das Rohr reparieren können! Klack-klack-klack. Er tat es aber nicht, sie wird noch mal verrückt hier.

Auch den Tag über regnete es unablässig. Hilft Greta? Sie hätte es gekonnt, aber sie wollte nicht. Die saß schön im Trockenen hinter der Gardine, den Blick nach draußen gerichtet. Alles, was wachsen will, soll ja auch Wasser bekommen, redete sie sich ein. Irgendwann werden sie das Kind schon holen, jeden Moment. Soll sich doch seine Mutter kümmern! Das Kind im Garten wurde nass bis auf die Haut, kein Mensch kam, man musste Mitleid haben! Wenigstens war der Regen warm. Greta machte sich Sorgen, sie konnte hier nicht erbarmungslos bleiben. Wenn Kakteen zu viel Wasser abkriegten, war das auch nicht gut für das Gedeihen. Verflixt noch mal, das arme Kind konnte ja nichts für seine Eltern und deren Zwist mit ihr. Also zog sich Greta den Regenmantel über, ging hinaus, warf eine grüne Plane über das Ställchen und ging zurück ins Haus.

Marie hatte auf diese Art zumindest ein Dach über dem Kopf. Denn in dem Moment kam ein Guss, und was für einer! Schwere Tropfen prasselten auf die Plane. Über Marie schien der Krieg ausgebrochen zu sein, so laut und wuchtig klang die Landung der Tropfen: Maschinengewehrsalven ohne Unterlass. Später folgte der zweite Angriff von unten, der Boden zog sich unter dem Poppes weg. Die Erde war vom Regen weich wie Kuchenteig. Den kannte Marie, Mama hatte sie mal davon lecken lassen. Schmeckte prima, tat aber im Magen weh, wenn man zu viel davon bekam. Ihre Mutter achtete nicht auf solche Dinge, sie gab immerfort gar nichts oder zu viel von allem.

Greta beobachtete, wie nass das Kind wurde. Sie wollte helfen, sollte aber nicht. Denn genau darauf baute der Bruder, aus Mitleid muss sie sein Kind versorgen, doch sie wollte nicht gezwungen werden. Es wurde spät. Die Eltern sollten jetzt endlich mal das Kind reinholen! Sie musste dem Bruder beweisen, dass sie sich unter keinen Umständen um das Kleine kümmern wird. Sollte er das Mariechen ins Trockene bringen. Das Kleine wartete vergebens.

Die Bauern waren längst daheim, das Abendbrot hatten alle sechs schon hinter sich gebracht. Die älteren Brüder gingen nun aus, Freunde besuchen, die jüngeren zu Bett. Die Eltern saßen auf dem Sofa und schauten Nachrichten. Und endlich, als der Wetterbericht weiteren Regen vorhersagte, dachten beide gleichzeitig an den Garten und schlugen die Hände über dem Kopf zusammen.

»Die Marie!«

Sie fanden das schlotternde Kind unter der Plane und trugen es ins Haus. Greta hätte es keine Sekunde länger ausgehalten, furchtbar, was sie dem Kleinen antun musste, um es loszuwerden.

So kam Marie zu ihrer ersten Lungenentzündung, immerhin brachte ihr die Krankheit abermals drei feine Wochen im Bett der Mutter ein. Für die Unterkühlung wurde Greta verantwortlich gemacht. Der Vater donnerte mit der Faust an Gretas Haustür, lärmte im Duett mit dem Regenrohr, gab nicht auf, wurde immer heftiger, Greta öffnete, ließ aber das Kettenschloss zu. Nun brüllte er sie durch den Schlitz an: »Ey! Balg steht im Regen. Haste se noch alle?« Greta reagierte nicht. Sie würde nichts sagen, solange der Bruder vor der Tür stand oder im Garten. Der warnte nun: »Kümmer dich um das Kind, oder ich werfe dich auf die Straße. Alle helfen mit am Hof, auch du, faule Gans.« Greta verschloss die Tür, der Bruder ging davon.

Am ersten Nachmittag zurück im Garten klackten natürlich wieder die Regenrohre. Marie erschöpfte das zusätzlich. Ihr Vater kam, tat nichts gegen das Klacken der lauten Tropfen, kramte stattdessen in seiner Hosentasche und zog eine vertrocknete Laugenbrezel hervor, die er seinem Kind reichte. Marie nuckelte an dem Teil, während er die Arme vor der Brust verschränkte und so elend laut mit ihr sprach, als höre sie schlecht. Sein Blick ging ins Weite, im Grunde sprach er nur mit sich selbst: »Rüben gemacht, nu sin Kartoffeln dran, aufhäufeln, Gruß von deiner Mutter. Trödelt im Feld, quasselt bei der Arbeit dummen Kram statt zu arbeiten, verdammte Weiber. Scheiß Regierung, scheiß Steuern. Scheiß Schuppenflechte. Arzt kriegt es nicht weg, Idiot. Wahlen im Herbst, scheiß Kanzler, scheiß Partei, alles Lügner und Betrüger. Aber die Sozis wähl ich im Leben nicht, so weit kommts noch.« Dann tat er das einzig Vernünftige an diesem Morgen, er gab dem Kind einen schiefen Regenschirm, wandte sich ab und ging zum Haus.

Nach einiger Zeit kam Greta aus dem Haus, als sei nichts passiert, betrachtete das eine oder andere Beet, zupfte Ackerwinde und an einigen Stellen Löwenzahn heraus und schaute sich den Ginster an. Wandte sich dabei keinen Moment an das Kind. Sprach lieber mit den Pflanzen, es klang zumindest so. Diese süß geflüsterten Worte hätte Marie gern für sich gehabt. Die Tür zum Gewächshaus stand offen, Marie konnte hören, wie Greta die Kakteen freundlich bat, sich bunte Hüte wachsen zu lassen – nahezu alle Gewächse hielten sich dran! Sogar diese stachligen Dinger blühten bei ihr so schön, was war ihr Geheimnis? Beileibe nicht, dass sie stetig gegossen wurden, sondern im Gegenteil kaum einen Tropfen Wasser abbekamen! Das war nämlich der Trick bei Kakteen. Ein feucht versorgter Kaktus faulte einem unter den Händen weg.

Dem Kind ging ein Licht auf: Deswegen gab Greta ihr so wenig zu trinken, weil sie unter ihrer Pflege und Erfahrung aufblühen sollte wie ihre Kakteenlieblinge, die Vernachlässigung war in Wirklichkeit also eine Liebeserklärung! Marie hatte bei Greta nur als genügsame Pflanze eine Chance. Sie ließ sich notgedrungen darauf ein, verstummte, lachte nicht, schrie nicht. Sie wollte dazu etwas Mattheit vortäuschen, ließ darum die Arme wie Blätter hängen. Wenn man sie jedoch in gute Erde steckte und mäßig goss, käme eine der schönsten Blüten heraus, die man sich vorstellen kann. Oder eine mächtige Staude. Um rein pflanzlich auf sich aufmerksam zu machen, ließ Marie die Glieder sinken, neigte ihr Köpfchen, schrumpfte, gab sich scheinbar ihrem Schicksal hin, bald einzugehen, wenn nicht demnächst eine Portion Wasser nahte. Wahrhaftig kam Greta irgendwann dem Ställchen näher, musterte das Kleine kritisch. Nun präsentierte Marie geschickt auch ihre menschlichen Vorzüge. Sie gluckste leise, wie nur Babys es können, hob ihre Arme über den Kopf und lachte, als habe sie Vergnügen daran. Dabei war das ein harter Überlebenskampf, so auf sich aufmerksam zu machen.

Greta lächelte zaghaft und begriff. Sie ging ins Haus, kehrte kurze Zeit später zurück und reichte Marie ein volles Glas Himbeerschorle. Wasser mit Dünger also, wie es sich für schlappe Triebe gehört. Marie trank es in einem Zug, schmatzte und rülpste. Greta staunte gerührt über den Durst der Kleinen. Sie betrachtete nun das Laufställchen, in dem Marie die ganze Zeit hockte. Die Eltern hatten strikt verboten, Marie frei laufen zu lassen. Was hätte das für Folgen, fragte Greta. Das Kleine könne unbemerkt fortlaufen, auf die Straße. Ein Auto fährt es um. Im Dorf war kaum Verkehr, und doch dachten die Eltern ständig an Katastrophen, nie an Freiheit und Verantwortung. Die Oma hatte zu Lebzeiten gesagt, ihr eigener Sohn sei ein Idiot. Fürchte sich vor jedem Mist. Sollte der Bruder doch schimpfen, musste sie sich gedacht haben. Deshalb trat sie nun das Laufställchen ein – Marie war frei. Doch statt sich zu freuen, fing das Kind laut an zu schreien, kriegte sich nicht mehr ein. Zu sehr überforderte sie die plötzliche Freiheit, hatte ja doch das Ställchen auch als Rankhilfe gebraucht. Und genau genommen hatte Greta dasselbe Bedürfnis. Um ihr kleines Grundstück zog sich nicht umsonst der Staketenzaun, dazu die hohe Ligusterhecke als Sichtschutz.

Marie konnte sich nicht beruhigen, schluchzte und rang vor Schreck nach Luft. Die Tante lenkte ein, nahm Marie auf den Arm und tröstete sie. Das Kind packte sich zwei ihrer Finger und ließ nicht mehr los. Scheu war nicht das kleine Kind, scheu war die Tante. Seit dem Tod ihrer Mutter hatte sie keinen Menschen mehr berührt. Jetzt strich sie vorsichtig mit dem Finger über Maries winzige Schulter, berührte zart deren weiche Wangen. Dieses Glücksgefühl, das sich zu ihrem Erstaunen einstellte, war ihr bisher nur durch den Anblick und die Berührungen von Blüten, Kakteen und Früchten geschenkt worden. Greta hielt Marie im Arm, ließ sich befingern, an der Bluse zupfen, an der Wange streicheln, schließlich umarmen. Greta war überwältigt. Marie schmiegte sich mit dem Näschen voran in die Kuhle an Gretas Hals, diese kleine Vertiefung im vorderen Halsbereich, zwischen den beiden Enden der Schlüsselbeine, Drosselgrube genannt, oder Salzfässchen. Diese Geste des Kindes rührte Greta so sehr, dass sie heftig schluchzte. Sie wird nun alles für das Wohl des Kindes tun.

Die Tante baute das Ställchen so um, dass Marie es selbstständig öffnen und schließen konnte. So blieb das Mädchen im Ställchen geschützt, wenn es das wollte, und war zugleich frei zu gehen oder zu rennen, wann immer ihm der Sinn danach stand. Viele Tage lang beschäftigte sich Marie freudig mit der kleinen Tür, machte sie auf, machte sie zu, machte sie auf, machte sie zu. Ausflüge in den Garten wagte sie noch keine, sondern probierte wenige Schritte in alle Richtungen. Greta hockte sich hin und schaute Marie weiter beim Türöffnen und -schließen zu. Als das Kind wieder mal hinauskrabbelte, sagte Greta leise: »Raus.« Das Kind horchte auf. Beim Rückweg schon deutlicher: »Rein.« Immer wieder, wenn Marie hinaus- und hineinkrabbelte: »Raus! Rein!« Marie imitierte Gretas Worte, recht süß in ihrem Bemühen: »Ein, au, ein, au.« Greta lief ein Schauder über den Rücken, als sie Maries längst überfällige Sprechversuche hörte. Gänsehaut, überall. Nicht nur am Unterarm, sondern auch auf der Kopfhaut, am Hals, Gänsehaut gar auf der Zunge und mitten im Herzen. Greta hätte schwören können: Gänsehaut am Herzmuskel.

Es wurde eine gute Zeit für beide. Sie säten miteinander Erbsen und Pflücksalat, befreiten die Erdbeeren von braunen Blättern und gaben Kompost zwischen die Reihen. Diese Arbeit war Marie nicht gewohnt, das Kind wurde schnell müde und nickte mehrmals am Tag ein. Greta beobachtete es dann, wie es in irgendeiner Ecke gemütlich schlief, oft den Daumen im Mund. Sie deckte es mit einer leichten Decke zu, labte sich an dem niedlichen Anblick und musste schmunzeln. Zugleich sorgte sie sich, weil das Kind ihr zusehends ans Herz wuchs, so was konnte nur folgenschwer enden.

Auf dem Dachboden fand Greta den Nachttopf der Mutter, aus Emaille in Weiß und Dunkelblau, prima in Schuss. Sie setzte das Kind darauf, bewies Geduld, sang ein Lied zur Belohnung, wenn das Mädchen das Geschäft erledigt hatte. Und keine vier Wochen später war das Kind sauber. Beinahe bemerkte Greta nicht, wie sie selbst nebenbei ihre Sprache wiederfand und wie mitteilungsfreudig sie sich zeigte. Sie kam richtig in Schwung, wollte Marie immer wieder etwas zeigen: »Ich habe Tomoffeln. Den Namen hast du sicher noch nicht gehört. Die Tomate wächst ganz eng mit der Kartoffel zusammen. Die beiden vertragen sich wunderbar. Botanisch gibts aber bei dieser Freundschaft einiges zu beachten.« Greta plapperte und hörte nicht mehr auf, sprach von Hybriden und dass man einen passenden Standort finden müsse, nicht zu schattig. Damit die Pflanzen nicht umknickten und sich ungehindert in die Höhe ausdehnen konnten, solle man ihnen eine Stütze anbieten. Sie zeigte dem Kind, welche Stütze sie bevorzugte. Lehrte das Kind neue Worte, die es noch nie gehört hatte und unter denen es sich nichts vorstellen konnte: Substrat, Kompost, Dünger, Sand oder Kies, Pflanzort, nährstoffreich. Ab April. Pflanzen wässern. Kultivierung. Kübel. Staunässe gilt es zu vermeiden. Doch sobald ein Dritter zugegen war, schwieg sie wie gehabt. Einzig Marie kannte ihre Stimme, ihre Ansprache, ihren Klang. Nun aber atmete sie tief durch und sagte laut vernehmbar: »Du Liebes.« Und Marie übte: »Du lieb.« So sprach Marie endlich ihre ersten Worte, die ausgerechnet Greta ihr vorgesprochen hatte. Gleich zwei Wunder auf einmal.

5

Von den Institutionen war Greta nie behelligt worden. Keine Steuern, keine Miete, keine Verpflichtungen, das alles nahm der Bruder ihr ab, weil alle meinten, Greta sei zu dumm dafür. Sie besaß kein Telefon, hätte es auch nicht benutzt, wozu auch, sie sprach ja mit niemandem. Es schien, als sei Greta offiziell für unmündig erklärt worden, doch das war nicht der Fall. In der Familie war man von Anfang an davon ausgegangen, dass Greta eigenartig sei, nicht ganz dicht – warum eigentlich?

Schon ihre Verbindung mit den Pflanzen sei ja doch eine deutliche Art von Beklopptheit, rechtfertigte man sich. Menschen gegenüber schwieg sie sich aus. Weshalb sie das machte, hatte niemand untersuchen lassen. Ihr Gehör jedenfalls funktionierte einwandfrei, besonders gut sogar, Greta nahm alles überdeutlich wahr. Sie sah die Menschen recht lange an, dachte sich ihren Teil und schwieg. Der Landarzt hatte damals die Eltern gedrängt, das Mädchen in einer Klinik untersuchen zu lassen. Vielleicht litt sie an Schwermut, war allergisch gegen etwas, hochbegabt oder das Gegenteil davon. Die Eltern zögerten, sie hatten viel zu tun, wenig Zeit. Ein Sorgenkind war lästig, noch dazu ein Mädchen. Zum Heiraten würde ihr kleiner Verstand ja mal reichen! Trotzdem war man vom Hausarzt genötigt worden, nun jede Woche irgendwo hinzufahren, für Übungen, die den Eltern eigenartig erschienen. Die Mutter erzählte damals der Nachbarin: »Die Hälfte der Stunde spielt die Therapeutin Xylofon mit dem Kind oder lässt es trommeln; das kann sie daheim bei Gott billiger kriegen. Dann hat die Studierte mit dem Gretchen Verstecken gespielt, danach haben die sich Bälle zugeworfen. Was hat das denn mit den Ohren zu tun, mit der Gesundheit insgesamt? Mit so was verdienen diese Studierten Geld. Das müssen Sie sich mal vorstellen! Unsereins …« Und so weiter.

Sie brachten Greta nicht mehr in die Therapiestunden, sparten sich lieber die Zeit. So war das Mädchen sehr still groß geworden, und niemand störte sich dran. Hatte brav bei der Oma im Garten geholfen, Beete angelegt, gepflanzt, geharkt, gedüngt und geerntet.

Bei ihrer Einschulung schlugen die Eltern wie selbstverständlich den Weg zur Sonderschule ein, mussten Greta jedoch von Amts wegen noch einmal gründlich untersuchen lassen. Sie wurde einem Arzt vorgestellt, der sie unvoreingenommen untersuchte. Der ihr vernünftige Fragen stellte, die Greta vernünftig beantworten konnte. Wie heißt du? Wann hast du Geburtstag? Magst du Vanillepudding? Es gab ein kluges Gespräch über Haut auf Pudding, Rührzeiten und unterschiedliche Geschmacksrichtungen. Greta lächelte sogar, da staunten ihre Eltern nicht schlecht. Sie starrten den Arzt an: »Das Luder spricht mit Ihnen völlig normal, sonst macht sie auf taub und stumm!«

Der Vater brüllte sein Sorgenkind wie üblich an: »Hörst du mich?«

»Ja, Papa. Sprich bitte leiser.«

Der Arzt lehnte sich in seinem Sessel zurück und grinste.

Der Vater war perplex und schrie so laut wie zuvor: »Seit wann kannst du reden?«

»Schon immer.«

»Ich hab das nicht gehört bis jetzt. Wann redest du denn?«

»Wenn ihr schlaft.«

»Und mit wem?«

»Mit mir selbst. Manchmal auch mit dem Spinat.«

»Spinat?«

Der Arzt fragte das Kind neugierig: »Und weshalb sprichst du nicht mit Papa und Mama?«

Greta fragte lakonisch: »Worüber denn?«

Die Eltern schauten sich an – was meinte das Kind damit? Der Arzt versuchte vergeblich, sein Grinsen zu verbergen: »Und Spinat? Wovon spricht der so?«

»Etwa darüber, wie gut ihm der Frost getan hat.«

Die Mutter reckte die Arme hoch, nickte dem Arzt zu. Der Beweis!

»Das Kind spricht mit Gemüse, es hat also einen Hau weg.«

Der Arzt beruhigte die beiden, Greta sei geistig völlig gesund und könne zur regulären Schule gehen. Die Eltern nahmen Greta bei der Hand und zerrten sie nach draußen, als sei sie nicht in der Lage, eigenständig durch eine Tür zu gehen. Der Arzt verharrte noch einen Augenblick voller Mitleid und Wehmut. Ihm gefiel das Kind sehr, er hätte es zu gern mit nach Hause genommen, weg von diesen Leuten, hin zu seiner Frau, die so gern ein Mädchen gehabt hätte und keins bekam. Wie oft hatte er das schon gedacht: dass Kinder falsch verteilt wurden, dass Eltern oft nicht zu ihren Kindern passten oder die Kinder nicht zu ihren Eltern.

Greta lernte schnell, rechnete gut, schrieb fantastische Aufsätze über Tiere und Pflanzen, Berge und Täler, war sogar überdurchschnittlich begabt. Sie sollte nach der Grundschule auf das Gymnasium in der Stadt wechseln, doch das war den Eltern zu umständlich, der Bus dahin zu teuer. Und was sollte ein Mädchen überhaupt mit Abitur? Feld- und Gartenarbeit ging auch ohne umfassende Bildung. Greta war ohnehin ein schwieriger Mensch, hatte ihren eigenen Kopf und zu viele Marotten. Wollte nicht heiraten. »Das musste dir mal vorstellen. Da stimmt doch was nicht.«

Man blieb dabei und behauptete, sie sei nicht bei Verstand.

Der Ton in der Bauernfamilie war schon immer rustikal gewesen, die Sätze kurz. Greta war für diese Umgebung zu empfindlich, hatte nur den nötigsten Kontakt zu den Leuten im Dorf, es wurde ihr schnell zu viel. Sie ekelte sich vor der Kasse im Supermarkt, wenn jemand seinen Körper an ihren drückte. Es ließ sie verzweifeln, wieder und wieder dieselbe Frage nach den Treuepunkten beantworten zu müssen. Was mussten erst die Kassiererinnen durchmachen!

Viele Jahre hatte Greta ihre alten Eltern gepflegt, ihrem Bruder war das mehr als recht gewesen. Nun hatte die Verwandtschaft das Mariechen in den Garten gesetzt. Sicher war das Kleine süß, aber es war zugleich das Balg ihres Bruders, den sie verachtete. Kein Wunder also, dass sie sich sträubte. Man könnte meinen, es sei ein schlauer Plan sehr vieler Bauernfamilien, eine ihrer Töchter für dumm zu verkaufen, sie ledig zu halten und zur billigen Arbeit zu verpflichten; zuerst die kleinen Kinder, später die alten Eltern.

Eines Tages kamen unvermittelt zwei streitende Neffen in Gretas Garten. Die Jungen hatten offensichtlich eine Mordswut aufeinander, sie schlugen sich, Einzelheiten kannte niemand. Greta wich den beiden Kampfhähnen aus, ging in ihr Gewächshaus und schloss die Tür.

»Du elende Tunte, dir werd ich's zeigen!«

»Komm doch, du Affe!«

»Sag das noch einmal …!«

Marie schaute zu, den Mund vor Spannung halb geöffnet. Unsicher, ob sie vor Schreck weinen oder besser schweigen sollte. Ein unfairer Kampf, bald hing der Jüngere so schlapp da wie ein nasser Sack, trotzdem trat der Ältere seinem Gegenüber in die Rippen, bis es knackte. Es gab keinen Schiedsrichter, der den Kampf hätte beenden können.

Der Große warf den Kleinen in das Ställchen. Marie weinte ängstlich. Der Kleine rappelte sich auf, holte mit der Faust aus und schlug den Großen von unten ans Kinn. Der so Malträtierte konterte mit einem Schlag in den Magen, Marie quiekte nun jämmerlich, sie steckte unter dem Körper eines Kämpfers. Der Große stand deshalb tatsächlich auf, zeigte Mitleid. Der Kleine nutzte die Situation sofort, stieß dem Gegner mit dem Knie in die Hoden und suchte das Weite. Der Getroffene brüllte vor Schmerzen, wälzte sich am Boden.

Marie hielt sich schwankend an den Gittern des Ställchens fest. Der Junge rang nach Luft, brüllte vor Schmerzen, stand erst nach etlichen Minuten mühsam auf und verzog sich stöhnend. Jeder Erwachsene hätte beide Jungen an den Ohren gepackt und geschüttelt, Greta tat das nicht. Die Schlägerei beeindruckte sie nicht, sie drehte sich leise ab. Von Weitem hörte Marie ihre Mutter geifern, wie sie die verletzten Kampfhähne in Empfang nahm. Als hätten sie sich nicht schon genug gekloppt, haute nun die Mutter ihre verwundeten Jungen. Und bläute ihnen mit neuen Schlägen ein, dass man sich nicht haut.

Marie hätte gern mehr Worte gehört. Geschichten, ihretwegen auch Lügen. Aus irgendwas musste eine Sprache entstehen. Die Brüder hatten Namen, doch sie riefen sich Drecksau oder Arschloch. Immerhin. Mama und Papa hießen Mama und Papa. Sie mussten sicher richtige Vornamen haben, doch Marie kannte die nicht. Die Eheleute riefen sich nicht bei ihren Namen, die Mutter rief ihren Mann Vater und der Vater seine Frau Mutter. Marie hatte eifrig versucht, mit den Menschen um sie herum ins Gespräch zu kommen, doch das glückte nicht. Am Morgen war die Mutter in Eile und am Abend zu müde, um viele Worte zu wechseln. Die Brüder sprachen kaum mit der Kleinen. Ja, und der Vater schwieg beinahe immer. Wenn er sprach, dann sagte er »hm« oder »ach«. Marie schnappte vom Fernseher ein paar Brocken auf, konnte aber Begriffe wie »Temperatur« oder »Finanzministerium« nicht deuten. Dabei hätte sie gern den Sinn dieser Worte erfahren. Vom heutigen Kampf der Jungen im Garten blieben zumindest drei prima Sätze übrig:

Du elende Tunte, dir werd ich's zeigen!
Komm doch, du Affe!
Sag das noch einmal ...!

Als hätte sie eine Schatzkammer, verwahrte sie die Sätze in ihrem Gedächtnis. Dort war noch sehr viel Platz für andere Sachen, sie war gespannt, was für Worte die Welt ihr noch zu bieten hätte. Schließlich kam außer Greta fast nie jemand zu ihr in den Garten. Außer der kleine Mann, der sie anglotzte, dabei seine Hose schüttelte und sich schnell davonmachte. Er, der Schweiger, würde wiederkommen und schweigen. Das Dorf dagegen klang nach Streit und Sorgen, Kühe muhten pausenlos. Die blöde Kirchenglocke bimmelte schrill.

Mit einem Mal tauchten weitere ungebetene Gäste im Garten auf, ein Haufen schwarzer Ameisen krabbelte aus einer Baumwurzel, ganz in der Nähe der Stelle, wo das Kind hockte. Mühten sich den Stamm hoch, machten sich breit. Marie konnte sich nicht sattsehen, für den Moment störte es sie nicht, dass viele Ameisen auf ihr herumkletterten und in ihre Haut bissen. Statt zu heulen schaute das Kind, wie die Tiere auch auf seine Hände krabbelten, oh weh, nun heulte es doch, die bösen Viecher sprühten Gift, das brannte!

Greta musste sich kümmern, sie kam hinzu, fragte das Kind: »Sollen die weg?« Marie nickte, gemeinsam putzten sie die Ameisen beiseite und Greta rieb die Hände des Mädchens mit Zitrone ab: »Wir bauen andere Häuser für die Ameisen, dann ziehen sie um und beißen uns nicht mehr, einverstanden?« Marie nickte. Greta nahm einige Blumentöpfe, füllte die mit Holzwolle und stellte sie mit der Öffnung nach unten auf die Ameisenstraße am Baum. »Das wird ihr neues Zuhause. Jetzt müssen wir nur noch abwarten, dass sie einziehen, danach bringen wir sie in den Töpfen weg.« Das Kind labte sich an den Worten. Ameisen, Holzwolle. Tatsächlich begannen die Ameisen nach einer gewissen Zeit, ihre Nester in die Blumentöpfe umzusiedeln. Sie brachten dort zuallererst ihre Puppen unter. Als der Einzug abgeschlossen war, nahm Greta einen Blumentopf nach dem anderen auf eine Schaufel: »Der neue Platz soll mindestens dreißig Meter entfernt sein, weil die Ameisen sonst in den alten Bau zurückkehren.« Marie nickte. Sie war so aufgeregt, als ziehe sie selbst um. Sie lachte und staunte, kicherte und sorgte sich um die Puppen.

Um Greta war es endgültig geschehen, sie liebte dieses Mädchen, war also doch in die Falle getappt! Hatte ihr Herz verloren; ihr Bruder hatte doch nur darauf gewartet. Hätte sie bloß einen Menschen, irgendeinen, der sie gegen den Bruder schützte! Eine Art Ritter, Gott oder Jurist. Es schien niemand für sie da zu sein.

Einige Zeit später beobachtete sie vor dem Gewächshaus lange, wie sich die Himbeeren von den Bienen befruchten ließen. Die Insekten brauchten nicht wie bei anderen Pflanzen mit dem Kopf voran in irgendwelche engen Blütenkelche krabbeln, die Himbeeren zeigten sich gern, kleine weiße Blüten und Fruchtstempel reckten sich den Insekten regelrecht entgegen. Die Bienen wiederum wühlten sich so ausgelassen in Blütenstaub, dass Greta errötete. Lust bekam sie davon, Lust auf einen Menschen, mit dem sie sich im Gras oder Bett wälzen könnte.

Die Sonne schien warm, der Vater machte eine Pause von der Arbeit, er verließ seine Werkstatt und legte sich mit Marie unter den idyllisch gelb blühenden Goldregen. Greta beobachtete das hinter der Gardine. Was sollte das nun bedeuten? Noch nie hatte der Bauer das Mädchen zu sich genommen wie jetzt, gedrückt und Hoppereiter gespielt. Anschließend zog er seine Mütze über die Augen und schien ein Schläfchen zu machen. Das Kleine spielte sorglos mit den Blüten des Goldregens, die ihm in den Schoß fielen. Es befingerte sie und leckte daran. Greta musste sich wundern. Ihr Bruder wusste doch, was für eine Art Busch das war. Marie wurde schlagartig übel davon, sie spuckte und sabberte. Der Magen schmerzte, das Kind plärrte, erbrach etwas. Der Vater lachte blöd, er fand es putzig, wie das Kleine spucken musste. Er erklärte dem Kind, das sei Goldregen: »Das ist bäh! Nicht anfassen, is giftig!« Ein Vater musste schließlich vor Gefahren warnen. Eine halbe Stunde später ging er trällernd und pfeifend seiner Wege und ließ Marie unter dem Busch allein. Sie wusste ja nun Bescheid. Greta kannte die Wirkung genau, lief besorgt zu Marie, nahm ihr die Blüten aus der Hand und dem Mund und holte sie weg von dem Busch.

Seit Jahren trocknete Greta die Blätter des Strauches, schnitt und rauchte sie. Goldregen ist ein Nervengift, Nikotin nicht unähnlich. Ab Juli werden die Schoten am Strauch schwarz, erst dann können sie töten. Es war immer gut, wirksames Gift griffbereit zu haben. Auf der rechten Seite des Gartens standen außerdem herrliche Obstbäume in einer Reihe, gegenüber davon Himbeerhecken, Johannisbeerenbüsche, Erdbeeren, Salat, Gurken,

Erbsen, Bohnen, all das wäre in greifbarer Nähe des Kindes, wenn es im Garten blieb. Es wird ihm an nichts fehlen, wenn es denn ernten kann: pflücken, waschen, schälen. Winzige Erbsen aus der Schale pulen, sich hochrecken oder bücken, hin zu den süßen Früchten. Noch war Marie zu klein, sie musste hoffen, dass jemand ihr die guten Dinge in den Mund steckte und sie von den gefährlichen fernhielt. Greta übernahm diese Rolle und holte sie ins warme Haus, wenn nach einem erneuten Wetterumschwung die ganze Welt wieder zu Kuchenteig verkam.

Marie konnte zwar noch nicht vorausdenken, aber ihre Lust am Leben war bereits vorhanden. Wenn sie hier überleben wollte, musste sie dafür sorgen, dass Greta sie niedlich fand. Ihr nicht nur Himbeerwasser reichte, sondern die gesamte Ernte mit ihr teilte. Also saß sie brav im Gras und beobachtete ihre Tante. Die ging an ihr vorbei zur Hecke, harkte mal hier und mal dort, kehrte zurück. Goss die Beeren und verschwand. Vom Nachbargrundstück tönte ein fremdes Kind, Marie hatte es noch nie gehört. Ein Kind zu Besuch? Es plärrte und meckerte vor sich hin. Marie versuchte es auch damit, stimmte einfach mal ein, schrie und jammerte. Nein, dachte sie bald, das Kindergebrüll klingt nicht sehr einladend, wer füttert schon gern solche Blagen. Sie wollte Gretas Herz gewinnen, auf dass sie gut zu ihr sei, das würde quengelnd nicht gelingen. So streckte sie immer wieder ihre Arme zu ihr hin oder lief hinter ihr her und gurrte niedlich, eine durchaus anstrengende Tätigkeit. Greta konnte gar nicht anders, als irgendwann zu lächeln. Sie nahm das Kind auf den Arm, inspizierte mit ihm die Obstbäume. Die hatten mehr zu bieten als Tannen- oder Laubbäume, fand Marie. Obst ist süß, macht satt und lindert jeden Durst. Und machte durch Gärung enorm stinkende Blähungen, mit denen sie die Mama nachts im gemeinsamen Bett ärgern konnte, Kirschengas war ihr Gift gegen deren oft miese Laune. »Die Birnen werden dir sicher schmecken, wenn sie reif sind.« Greta hatte mit ihr gesprochen! Marie war selig.

An diesem Abend war die Mutter von der Feldarbeit schrecklich erschöpft. Sie rührte schnell einen Teig an, buk einen Pfannkuchen nach dem anderen – vier Buben und ein Mann aßen insgesamt über vierzig Stück davon. Marie nur einen und war pappsatt davon. Die Brüder schmierten sich Marmelade oder Nugatcreme darauf. Fünf Männer zu ernähren war anstrengend, die Mutter selbst kam nicht zum Essen, sondern schwitzte am Herd, Schweißperlen tropften in den Teig. Das bemerkte sie durchaus: Sollten die Kerle doch ihre Mühe hautnah schmecken. Vor lauter Wehmut hätte sie Lust, ganz andere Sachen ins Essen ihres dumpfen Mannes reintropfen zu lassen. Spucke, Blut. Später legte sie sich mit Marie ins Bett, so aneinandergekuschelt schlief die Bäuerin schnell ein und schnarchte laut.

Als der Vater ins Bett kam, lag Marie zwischen ihm und seiner Begierde, das wurmte ihn. Und weil er ein Drecksack war, nahm er eine Stecknadel mit roter, runder Kuppe aus seinem Nachttisch und stach seinem Kind damit mehrere Male in den Oberarm. Marie schrie auf vor Schmerz, weckte dadurch die Mutter, die sich nicht erklären konnte, weshalb Marie nachts so einen Terz machte: »Weck mich nich!« Hätte Marie mehr Worte parat gehabt, hätte sie ihre Mutter bitten können, mal einen Blick auf ihren Oberarm zu werfen: Vater macht das ständig, tu was dagegen! Die Mutter hätte es sehen können, doch sie verschloss lieber die Augen, packte das störende Würmchen und verfrachtete es ins kalte Bügelzimmer. Da konnte Marie brüllen, so viel sie wollte, der Vater bekam, was er verlangte.

Am darauffolgenden Tag saß Marie bekümmert im Ställchen, matt und viel zu still, dann wieder mühsam lächelnd, lauschend. Greta prüfte den Gartenschlauch, der wohl ein Loch hatte. Sie stellte ihn an, das Kind bekam von dem Wasser ab, wurde pitschnass. So eine Schwalldusche tat keiner Pflanze gut, notgedrungen musste Greta Marie ausziehen und umkleiden. Bei dieser Gelegenheit sah sie Maries Körper zum ersten Mal, bemerkte den zerstochenen Oberarm, erschrak. Endlich schaute sie dem Kind in die Augen, die Lippen gequält aufeinandergepresst. Dann zeigte sie ihrerseits den Oberarm. Die Haut sah dort aus wie ein Streuselkuchen, übel vernarbt. »Dein Vater hat das auch. Der Opa hat uns …« Als Greta mit dem Finger vorsichtig über das entzündete Ärmchen strich, jaulte Marie auf. Die Tante nahm das Kleine auf den Arm, bettete seinen Kopf behutsam an ihre Brust. »Goldregen hilft«, murmelte sie mitleidig in Maries Ohr. »Haben die Soldaten schon im Ersten Weltkrieg geraucht. Blätter getrocknet und gedreht. Haben sich so getraut, Chlorgas auf die Franzosen zu werfen, diese verdammten Schweine. Damit meine ich die Deutschen, nicht die Franzosen, damit das klar ist.« Marie beruhigte sich. »Der

Urgroßvater hat da mitgemacht, töten oder selber verrecken, hat er mir erzählt. Hätte sich doch nur der Wind gedreht und unsern Stammbaum mit dem Gas vergiftet. Ich wäre sowieso lieber Französin geworden.«

Greta hätte hier fortgehen sollen und hatte es nicht geschafft. Sie war klug, las viel, nutzte regelmäßig den Literaturbus. Nicht nur Gartenbücher lieh sie sich aus, sondern noch ganz andere Kaliber. Marie durfte davon wissen, sie war ja bloß ein kleines Kind. Saß auf Gretas Schoß und lauschte, während ihre Tante sich eine Zigarette drehte. Der Tabak war keiner, Greta rauchte Goldregen, fein geschnitten und getrocknet. Sprach weiter beruhigend mit dem Kind, Marie staunte über so wunderbare Laute wie »Schweine«, »Stammbaum« und »Chlorgas«. Solche Worte konnte man sicher gut gebrauchen, was immer sie bedeuten mochten, und auch »Französin« oder »verrecken«. Und Gretas Stimme, so schön tief. Ihre Wortwahl köstlich. Die Worte klangen, als könne man damit spielen, Buchstaben streicheln, Sätze schmecken.

Greta steckte die Zigarette an, sog gierig, inhalierte tief. Kam dem Mariechen nah, umschloss mit ihren Lippen dessen kleine Nase und pustete dem wimmernden Kind die tröstende Betäubung in kleinsten Schüben ein. Zu Anfang tat der Qualm Marie noch weh, kratzte in ihrer Nase, der Luftröhre, in der Lunge, sie musste husten. Doch schon bald summte es selig in ihrem Kopf. Der Härte der Gegenwart nicht mehr schutzlos ausgeliefert, sondern selig betäubt, war ihr endlich alles egal. Die wunderbare Besorgerin des Giftes pustete ihr eine zweite Portion in den Körper und gleich noch eine dritte. Greta erklärte: »Macht nicht süchtig wie Nikotin, ist Cytisin.«

Sie legte sich mit dem Kind auf die Gartenliege, hüllte es ein, hielt es umschlungen. Marie ließ es sich in Gretas Armen gut gehen, berauscht von Goldregen, der in keinem Garten fehlen durfte – man musste ihn nur zu ernten wissen.

Seit Jahr und Tag erledigte Greta ihre Gartenarbeit ganz bewusst ohne Handschuhe. Selbst die harten Disteln nahm sie sich gründlich vor, Dornengestrüpp ebenso, nicht mal die Brennnesseln scheute sie. Auch wenn es schmerzte, Greta musste das Kraut einfach zwischen ihren Fingern spüren. Entsprechend sahen ihre Hände aus, sie glichen einem sehr rauen Schmirgelpapier. Weshalb tat sie das?

Vor Jahren hatte die Gärtnerin diese Methode entdeckt, um Pflanzen widerstandsfähiger zu machen, damit die sich besser gegen Ungeziefer oder Fäule wehren konnten. Sie berührte ihre Pflanzen im Garten einfach täglich. Das Streicheln und Kratzen an Blättern, das Reizen der Ranken, der Knospen und der Stängel durch ihre Hände machte die so behandelte Flora stark. Mit den kleinen Zarten musste man sehr vorsichtig sein. Die etwas Stabileren konnte man reiben, als wolle man jemandem mit der Hand durchs Haar fahren oder eine Katze verwöhnen. Und die Robusten reizte sie regelrecht kratzend, als hätten sie Flöhe. Die harte Petersilie etwa stimulierte Greta mit einer ausgedienten Schuhbürste, die Kohlköpfe schrubbte sie gar mit einem Besen. Sie musste diese Prozedur auf jeden Fall regelmäßig anwenden, sonst blieb der Effekt aus. Die auf diese Weise behandelten Pflanzen zeigten keine Fäulnis, wehrten sich stärker gegen Ungeziefer, selbst Blattläuse hatten keine Chance mehr.

Nun versuchte sie diese Behandlung bei dem Kind, vielleicht hätte das eine ähnliche Wirkung. Greta fuhr Marie durch die Haare, kratzte weiter ihre Kopfhaut, bis sie glühte. Schrubbte das Gesicht, rubbelte die Ohren, rubbelte den Bauch, kratzte den Rücken, ließ auch die Beine und Füße nicht aus. Nicht in der Badewanne, sondern trocken im Garten, am liebsten in der Sonne. Jeden Tag wird sie das nun tun, sich dieselbe Prozedur zur Gewohnheit machen.

6

Ein eiskalt-blauer Wind fuhr durch den Garten. Marie horchte auf, eben raste ein fremdes Auto durch die enge Dorfstraße, quietschende Reifen waren zu hören. Das Kind lauschte aufmerksam. Auf das Quietschen folgte elendiges Heulen; Maries Mutter lief panisch durchs Dorf und flehte jeden noch so entfernten Verwandten oder Nachbarn um Geld an. Ihr Mann habe sich beim Kartenspiel verzockt, von Spielschulden war die Rede, die Eintreiber seien hinter ihm her. Niemand gab der Verzweifelten auch nur einen Pfennig, weil weder sie noch ihr Mann einem Nachbarn je was geschenkt hätten, und wäre die Not noch so groß gewesen.

Das Ultimatum lief ab. Durch Gretas Garten schlich wahrhaftig ein unbekannter blasser Mann mit gezogenem Messer. Er schaute das Kleinkind im Ställchen an, streichelte zärtlich sein Köpfchen: »Où est le papa?«

Marie lächelte den Verbrecher an, pupste entspannt, bestaunte das blitzende Metall. Sie nahm gutgläubig an, der freundliche Mann mit dem Messer sei vielleicht zum Kartoffelschälen gekommen. Doch in Wahrheit war er hinter ihrem Vater her, der sollte mit dem Geld rausrücken oder er würde empfindlich bestraft. Der Eintreiber fragte ein zweites Mal nach dem Vater. Marie zeigte mit dem Finger zum Schuppen: »Papa da.«

Grinsend tätschelte er nochmals Maries Kopf, öffnete den Geräteschuppen, fand dort den schlotternden Bauern und haute ihm sehr heftig in den Bauch, auf den Kopf, in den Magen und verpasste ihm zu guter Letzt einige Tritte in den Rücken. Der Bauer litt: »Lass mich, bitte, ich zahle es zurück, in Raten!« Sein Peiniger glaubte ihm nicht, er wurde mit dem Messer malträtiert. Der Vater brüllte, das Kleine stimmte mit ein, es konnte nicht anders.

Der Franzose besaß ein wirklich scharfes Teil. Mit einem kurzen Schnitt trennte er dem Vater die Kuppe eines Fingers ab, als sei man beim Metzger und wollte Haut und Knochen haben. Der Bauer brüllte vor Schmerzen, Marie schrie vor Schreck wie am Spieß. Der Franzose fühlte sich von Marie gestört, gab dem Kind eine Backpfeife. Der Bauer schwor schluchzend, er habe kein Geld, wurde jedoch weiter mit Fäusten traktiert, ein Zahn flog raus, seine Kräfte versagten, er hatte Todesangst. Nur darum bot er keuchend seine Schwester an. Einer hier musste dran glauben. Greta sei eine Wucht, die könne er haben. Wein dazu, Essen, alles, was er will. Damit wäre die Schuld beglichen – Deal?

Die Frauen sprachen am Tag danach bei der Feldarbeit darüber. Jeder im Dorf hatte es mitbekommen, niemand war eingeschritten. Aber alle waren empört, Greta sei schließlich eine durch und durch anständige Frau. Die Arme wurde die ganze Nacht lang von dem Mann gequält, die Bäuerin hätte das als Verwandte verhindern müssen: »Dein Mann ist ja ein richtiger Zuhälter, so gesehen!« Dieser Vorwurf führte zu einer kleinen Rangelei unter den Frauen, bis die Älteste unter ihnen dazwischenging: »Genug jetzt, ich will nichts mehr hören!«

Daraufhin hackten die Frauen einfach weiter Unkraut und sprachen von anderen Dingen: Zahnarzt, Galle, Herzbeschwerden. In einer Stadt hätte die Polizei Wind davon bekommen, da hätte irgendwer irgendwen angezeigt. Nicht aber hier auf dem Dorf, da schwieg man so was lieber tot. Das rechtlose Grauen wütet in der Provinz, nicht in den Metropolen.

Die Eltern sprachen noch mal über die Kinder, Marie hatte den Täter gesehen, dessen Messer, die blutige Fingerkuppe. Die Buben hatten sich angeschlichen und beobachtet, wie Greta gelitten hat. Sie soll an einen Baum gefesselt worden sein. »Und wenn!«, sagten sich die Eltern. »Die stecken das weg. Unsere Kinder vergessen so was schnell, die sind robust wie Gänseblümchen, das Pflänzchen überlebt sogar den härtesten Winter im Schnee.«

Marie saß im Ställchen und vermisste ihre Tante. Greta war ein natürlicher Teil von Maries Leben, sie verhielt sich wie die Sonne, sie kam regelmäßig, schenkte Kraft, leuchtete und ging. Heute jedoch war sie nicht zu sehen, wie bei einer Sonnenfinsternis – eine Gretafinsternis war zu beklagen.

Tags davor war es ungewöhnlich kühl gewesen für den Sommer, heute nun war es warm. Marie hörte Stimmen in der Nachbarschaft, doch diese Menschen ließen sich nicht blicken, um sie kennenzulernen. Die könnten ihr ja was schenken, wenn sie kommen. Einen Saft vielleicht oder ein Stück Wurst. Ein Apfel wäre ihr auch angenehm. Sie hätte sich gefreut, die Nachbarn auch ohne Gastgeschenke kennenzulernen, Greta würde ihr helfen, sie würden den Gästen Essen und Trinkwasser reichen. Wenn sie nicht so abwesend wäre.

Als die Tante doch noch auftauchte, saß sie da wie versteinert, schaute schrecklich dumpf vor sich hin, so als seien ein paar Funktionen an ihrem Körper abgestellt. Hörte und sah nichts um sich herum. Sicher nicht aus Gleichgültigkeit, es ging ihrer Tante in diesem Moment hundsmiserabel, begriff Marie. Sie betrachtete ihre Tante, sie war schwer verletzt, hatte Würgemale am Hals, die Haare waren ihr büschelweise ausgerissen, Hand- und Fußgelenke zeigten Fesselspuren. Marie berührte ihre Hand, gab ihr ein Küsschen auf die verschorften Handknochen. Greta ließ das geschehen, wenngleich mit versteinerter Miene. Sie zitterte, erbrach sich, würgte trocken nach. Schlich sich mühsam humpelnd zurück in ihr Haus. Marie blieb außen vor, schrecklich besorgt, mit offenem Mund ausharrend.

Marie bangte um Greta. Sie durfte nicht sterben, sonst würde es ihr schlimm ergehen. Sie zwang sich zu anderen Gedanken, um die Angst nicht aushalten zu müssen. Und formulierte nach langem Nachdenken den rettenden Satz: »Auch Ameisen können bluten.« Einfach bloß ein noch nie gesagter Satz, nichts von Bedeutung. Aber immerhin ein Anker. Das brabbelte sie nun den ganzen Tag vor sich hin, nichts anderes: »Auch Ameisen können bluten.« Es tröstete sie. Sie erinnerte sich an den Umzug der Ameisen, der tatsächlich geglückt war. Wenn die Insekten von vorn beginnen, könnten Greta und sie ja auch einen anderen Platz finden. Sich verpflanzen, wo es schöner ist. Feinde hinter sich lassen. Ein guter Gedanke.

Sie schaute in den Himmel: »Auch Ameisen können bluten.« Das Kind genoss den Satz, genoss den Duft, der sie umgab, griff nach der Luft und hätte sie gern gepackt. Es schaukelte auf dem Rücken, lag auf dem Bauch. Genoss jede mögliche Position, schaffte es nicht, auf dem Kopf zu stehen. Um es herum angenehme Stille, kein Regen, keine Hitze. Marie fragte sich, ob sie hier Wurzeln schlagen könnte wie ein Löwenzahn und sich immer mehr in ein stillsitzendes grünes Geschöpf verwandeln würde, wenn sie nur lang genug ausharrte. Pflanzen konnten das, und sie wollte denen ähnlich werden. Ihre Haut wurde schon rauer, irgendwann würde sie Rinde haben, die Haare Blattgrün, Arme wurden Äste und Krone, Beine ihre Wurzel. Nach und nach würde ihr Gehör so empfindlich werden, dass sie das Gras wachsen hörte, und endlich könnte sie den Gesprächen folgen, die hier im Garten zwischen Rotbuche, Löwenzahn und all den anderen in der Flora geführt wurden.

Später kam Greta mit einer Gießkanne aus dem Haus und goss den Ginster. Marie rief laut nach ihr, woraufhin Greta das Kind ebenso begoss, bis es pitschnass war. Erst zu wenig, dann zu viel, wie gehabt. Später verschwand die Tante wortlos im Gewächshaus. Marie triefte, es war ja Sommer, sie leckte ihre feuchte Haut. Trocknete im Wind, herrlich erfrischend. Lauschte, wie Greta jeden einzelnen Kaktus mit Namen ansprach, sie klangen gänzlich fremd: »*Acharagma cereus*. Guten Tag. *Dolichothele marnier-lapostollei* und *baumii*. Wie gehts?« Greta schien mitsamt ihren Kakteen aus einer Gegend zu kommen, in der man auf Flüssigkeit verzichtete und in unverständlicher Art sprach. Tumbe Kartoffeln soffen sich voll, Erdbeeren, Tomaten oder Salat gierten nach Wasser und schlürften es weg. Wehe ihnen, wenn kein Wasser mehr lief, wie schnell wären sie verdorrt!

Endlich wandte sich Greta an Marie: »Mach es den Kakteen nach, die sind klug. Lass dir eine dicke Haut wachsen, wenns geht, mit Dornen dran, das kann ich dir nur raten. Vergiss jedes böse Wort, das du hören musstest, vergiss alle Idiotie eines jeden Idioten. Jede Gemeinheit, jeden Überfall. Blut. Scheiß drauf!« Gleich darauf verschwand sie wieder im Haus.

»Scheiß drauf!«, übte Marie.

Plötzlich war Greta wieder da, grub, sie schwitzte, trank Wasser, putzte sich die Nase und tat, als sei sie nicht weg gewesen. Marie hätte sich so sehr gefreut, wenn Greta sie etwas gekratzt hätte, aber die Tante starrte wieder mal stumm und müde ins Leere. Marie ging ganz nah an Gretas Gesicht: »Wieder da!« Sie führte ihre Hand zum Mund und leckte sich die Erde vom Finger, als sei es kühlendes Schokoeis am Stiel. Greta betrachtete das ungerührt. Später, als neuer Regen dem Kind wieder Schlammsoße schenkte, es sich vergnügt damit das Gesicht beschmierte und Muster auf die Haut malte, rührte sich Greta ein klein wenig, kaum erkennbar. Doch schon neigte sie wieder ihren Kopf und ging davon.

Lange kramte Greta bei sich im Haus in Schränken und Schubladen, verlor sich in Erinnerungen, vertrödelte die Zeit, suchte weiter etwas ganz Bestimmtes. Marie war inzwischen daheim, schlief längst. Greta suchte die halbe Nacht und fand in der Morgendämmerung endlich auf dem Dachboden, was sie dem Kind geben wollte. Erst danach ging sie zu Bett, schlief kurz und wachte früh auf, als die Morgennebel wichen. Sie schaute zufrieden hinaus: Die Luft war sichtbar geworden und als grauer Dunst zu erkennen, der jede Falte im Gesicht weichzeichnete. Sie sah sich in der Fensterscheibe gespiegelt, eine Frau knapp unter vierzig, lange blonde Haare zu einem Zopf geflochten. Makellose gebräunte Haut, tiefblaue Augen. Markante Nase, volle Lippen. Sie war bildschön und wusste es nicht mal.

Am nächsten Tag legte Greta dem Kind einen großen Malblock ins Gras. Marie hatte noch nie so ein grelles Weiß gesehen! Mit Freude baute sie auf diesem unbefleckten Grundstück ein Haus aus Lehm, davor Bewohner in Graskleidung. Greta schaute ihr ergriffen zu. Sie erahnte das Abbild fremder Verbrecher auf Gartenwegen, Spuren eines Unglücks. Marie war ganz auf das Werk konzentriert, ihr Mund stand halb offen. Als Greta eine Verwundete zu erkennen glaubte, ging sie kurzerhand ins Haus und brachte Marie Rote Bete, gestern erst gekocht. Die schnitt sie auf und legte sie dem Mädchen rot tropfend in die Hand. Marie zerquetschte das Gemüse genießerisch, spritzte eine Blutspur aufs Papier von der Haustür bis zum Opfer hin, das nun herrlich langsam und elend neben einem Baum verbluten durfte. »Man sollte sich nichts gefallen lassen, da hast du recht«, sagte Greta mit kratziger Stimme. Marie malte schließlich ein Erdloch, da hinein legte sie den Mörder, begrub ihn lebendig, so grausam wollte sie sein. Greta lächelte: Rote Bete war von nun an beider Lieblingsgemüse. Wären den Eltern solche Bilder in die Hände gefallen, sie hätten sie für Müll gehalten und fortgeworfen. Greta jedoch trocknete die Bögen und verwahrte sie.

Marie saß im Ställchen und leckte sich den Rest der Roten Bete vom Leib, doch Mund und Hände blieben blutrot bis blau, die Färbung wurde sie nicht los, selbst als Marie abends gebadet wurde, glich sie einem Schlächter, der seinen Feierabend in der Wanne genoss. Ihre Mutter musste sie mühsam schrubben, sie verfluchte Greta in hohen und tiefen Tönen, Marie dagegen freute sich sehr über dieses schöne rote Fest. Ihre Finger blieben lange verfärbt, eine Erinnerung an fröhliche Tage, erst nach zwei Wochen verblasste die Farbe.

Der Tratsch im Dorf nahm überhand, die Mutter war beunruhigt, dass die Buben den Respekt vor ihrem Vater verlieren könnten, insbesondere die sensiblen Zwillinge. Selbst das kleine Mariechen hat den Franzosen mit dem Messer gesehen, ob es sich doch geängstigt hatte? Dem Vater war im Moment sein Ruf egal, er war heilfroh, die Sache überlebt zu haben. Er hatte seine Schwester verkauft, regte sich aber nur auf, dass die kleine Marie dem Verfolger einen Tipp gegeben hatte: »Das kleine Aas hat mich verraten. Kann kaum sprechen, aber dem Franzosen mein Versteck verraten. So ein Luder!« Die Mutter hätte das Drama verhindern können, sie hätte dem Franzosen bloß ihren Ring in die Hand drücken müssen und die Schulden wären beglichen gewesen – hat sie aber nicht. Zum Glück kannte niemand ihr kleines Geheimnis. Fast niemand.

Zufällig traf sie Hugo beim Hausarzt, er sprach sie ohne zu zögern darauf an: »Hast deinem Mann nicht aushelfen wollen?«

»Geht dich nichts an.«

»Was hast du mit deinem unversteuerten Milchhonorar gemacht?«

»Jeder muss sehen, wo er bleibt.«

»Eine schöne Ehefrau bist du.«

Sie streckte ihm die Zunge raus.

Der Ring eröffnete ihr alle Möglichkeiten. Am liebsten fantasierte sie von Reisen, die sie unternehmen wollte, wenn sie das Schmuckstück in Zahlung geben würde. Holland soll schön sein, haben sie im Radio gesagt. Sie war noch nie weg gewesen, nicht mal bis Berlin zur Grünen Woche ist sie gekommen. Und könnte nun sogar sehr weit verreisen – aber wie sollte sie das ihrem Mann erklären? Wie ging Verreisen überhaupt? Sie sprach ja nur Deutsch. Wie kam man dahin, wo es schön ist? Reisebüro, okay. Aber dann? Was, wenn sie in Bali einen Bus verpasste und nie wieder nach Hause fand? Würde ihr Mann nach ihr suchen lassen oder wäre er froh, sie los zu sein? Das waren ihre Gedanken, kurz nachdem ihre Schwägerin gemartert worden war. So ein Themenwechsel fiel ihr nicht schwer, man brauchte bloß an was anderes zu denken.

Ab und zu ging sie zum Internisten, um in den aktuellen Zeitschriften zu schmökern, oder zum Kardiologen. In den Wartezimmern der Ärzte hatte sie ihre Ruhe. Und wenn sie ins Sprechzimmer kam, nahmen die Herren und Damen Mediziner sie ernst. Sprachen freundlich, tasteten sie ab, hörten ihr zu, schoben sie durch teure

Röhren und kümmerten sich; die Krankenkasse zahlte anstandslos. Eine Sorte Wartezimmer jedoch mied sie: das vom Zahnarzt. Der sprach über nichts, der schaute sich bloß ihre Zähne an und bohrte und schimpfte, sie putze ihre Zähne nicht richtig. Für diese Vorwürfe brauchte sie keinen Termin.

Mit der Tat ihres Mannes hatte sie nichts zu tun. Hatte Brötchen mit Schinkenwurst belegt, kleine Gürkchen dazu, für den Franzosen. Was man halt so macht, wenn Gäste kommen. Natürlich hatte sie Gretas Schreie vernommen, aber was hätte sie tun sollen, sich selbst opfern? Welcher Franzose begehrte schon eine fünffache Mutter. Außer Greta hatten sie nichts anzubieten. Augen zu und durch, das war ihre Devise. Die Sache ließ sich nicht mehr ändern, war wie schlechtes Wetter, Trockenheit oder Hagelschlag. Was hätte denn ihr Mann machen sollen, der Kriminelle hätte ihn getötet, die fehlende Fingerkuppe zeugte davon. Greta wird sich schon erholen. »Alles hat ein Ende, nur die Wurst hat zwei«, solche Dinge gingen ihr durch den Kopf. Das war ihre Art, damit zurechtzukommen.

Greta setzte sich zu Marie, die im Schatten mit Sand spielte. Reichte ihr frisches Wasser mit Himbeersaft. Dann spazierte sie mit ihrem Zeige- und Mittelfinger an Maries Arm herauf: »Geht ein Mann …?« Greta räusperte sich, sprach mühsam flüsternd: »Geht eine Frau die Trepp' hinauf.« Nun zupfte sie an Maries Ohrläppchen: »Klingeling!« Greta klopfte ihr mit dem Zeigefinger an die Stirn: »Klopf, klopf!« Packte das Näschen zärtlich und rüttelte sanft: »Guten Tag, du Nasenfrau!«

Marie lächelte, das war schön. »Noch mal«, bat sie. Nicht einmal tat Greta das, sondern hundertmal, weil Marie immer und immer wieder darum bat: »Noch mal!«

Irgendwann lächelte Greta sogar ein wenig dabei. Anschließend spielte sie *Guggedi Buuu* mit Marie, zog ein Riesentaschentuch aus der Schürze und bedeckte Maries Kopf damit. Dann fragte Greta: »Gugge-di?« Marie durfte nun das Tuch vom Kopf ziehen und laut rufen: »Di-buuu!«

»Noch mal?«, fragte Greta.

Marie nickte, nickte, sicher fünfzigmal: »Guggedi? Di-buuu!«

Nach einer Weile stand Greta auf: »Jetzt wollen wir ins Haus gehen, magst du mitkommen?«

Greta duschte Marie ab, das erfrischte das Kind. Später wurde sie noch eingecremt, das Paradies war wieder geschlossen, die Haustür zugesperrt. Marie blieb sich selbst überlassen, immerhin konnte sie im Schatten sitzen oder mit einem Finger weiter in Erde und Sand puhlen. Schaute öfter mal in die Bäume, spürte leisen Wind. Aus Sommerhitze wurde endlich erträgliche Wärme.

Der Schweiger hatte schon länger wieder hinter der Hecke gestanden und gehofft, dass das niedliche Kleine sich im Garten sehen lässt. Was für ein Glück, dass es so schlechte Eltern hatte, die es oft aus den Augen ließen. Stunden später stand es wieder in der prallen Sonne und wurde in der Hitze gedünstet, hatte schrecklichen Durst, das Regenrohr klopfte. Kennen wir alles. Passiert.

Erst am späten Nachmittag brachte Greta noch mal eine Tasse mit erfrischendem Wasser und kühlte Maries

Stirn mit einem feuchten Lappen. Dabei murmelte sie vor sich hin: »So eine Sauerei, verdammte. Unsere Verwandtschaft ist ein Dreckspack, irgendwann bringe ich sie alle um, auch wenns dein Vater ist! Ich schwör dir, das macht mir nichts mehr aus.«

Das Kind hob die Augenbrauen. Greta schwor: »Du nicht, du bleibst bei mir. Muss sich ja einer um dich kümmern, ne.«

»Geschafft!«, lächelte Marie. Das war das Wichtigste, Freunde zu machen! Nur so überlebten ausgesetzte Kinder wie sie in ihren Gärten. Greta ließ Marie nicht mehr aus den Augen. Die Sonne brannte am nächsten Tag gnadenlos. Sie zog das Kind aus und ließ Marie unter einem kühlen Wasserstrahl toben. Greta spritzte, Marie lachte, beide hatten Spaß.

Rechts vom Gartenweg, zur Straße hin, stand eine kleine Allee aus Obstbäumen, die der ganze Stolz der Gärtnerin war. An deren Stämmen verharrte Greta gerne, verbrachte jeden Tag innig mit einem anderen Baum. Flüsterte dem Holz Geschichten zu vom Leid der Menschen, von der Widerwärtigkeit eines missratenen Bruders. Von körperlichen Schmerzen, die nicht halb so schlimm waren wie die ekelhaften Demütigungen des Täters. Sie war von ihm zu einer Sache gemacht worden, zu einem Loch, war bespuckt worden, wie sollte sie diese Kränkungen je wieder loswerden? Ihre Haut sauber bekommen – nie? Die Bäume rieten ihr, es ihnen gleichzutun und sich eine Rinde zuzulegen. Das helfe ausgezeichnet.

»Habt ihr sonst noch einen Rat?«

Unisono riefen die Bäume: »Vergiss es.«

In den folgenden Tagen und Wochen des Spätsommers genossen Greta und Marie die Sonne und den Garten, sie zupften die reifen Früchte von den Büschen und Bäumen und aßen sie gierig. Späte, beinahe schwarze Süßkirschen hatte sich Greta seit Jahr und Tag immer direkt in den Mund gepflückt, sie gab dem Kind gern davon ab, holte aber vorher den Kern aus der Frucht, damit sich Marie nicht verschluckte. Es hat mal einen Verwandten gegeben, berichtete sie dem Kind, der ist an einem Kirschkern erstickt – das hatte zumindest die Großmutter erzählt. Marie erschrak nicht, sie freute sich über all die Worte und Mahnungen. *Pass auf den Kirschkern auf!* Das wollte Marie beherzigen.

Oft lag sie mit der Tante unter dem kleineren Sauerkirschbaum, weil dessen lange dünne Äste eine Art Zelt formten, unter dem man sich wunderbar verbergen konnte, etwa um ungestört ein Nickerchen zu halten. Sauerkirschsaft ließ Greta gären, bis Wein daraus wurde. Es war längst Herbst, Äpfel lagerten im dunklen kühlen Keller und von den Pflaumen bereitete Greta köstlich dunkles Mus. Es wurde kühler, man arbeitete wieder häufiger drin statt draußen.

Maries Mutter hockte auf einem Schemel in der Küche, hielt ein kleines Messer in Händen und putzte grüne Bohnen, entfernte den Faden und den Fruchtansatz. Von dem, was in ihrer Familie vorgefallen war, wollte sie noch immer nichts wissen, es belastete sie bloß. Sie lebte im Glauben eines Kleinkindes, dass man nur die Augen schließen musste, und alles Böse wäre fort. Lieber erklärte sie Marie mit Eifer Dinge des Alltags. Sie sollte von ihrer

Mutter all das lernen, was von einer Frau auf dem Land erwartet wurde, etwa wie man Bohnen schnippelte, sie in wenig Wasser dünstete, zwanzig Minuten lang. Salz und ein wenig Bohnenkraut sollte sie natürlich auch noch zugeben. »Später servierst du das Gemüse mit ausgelassener Butter oder Sahne.« Sie schaute ihre Tochter an: »Kannst du dir das merken?«

Marie nickte: »Gemüse merken.«

»Man kann auch diese kleinen Bohnen hier bündeln und mit Speck umwickeln, siehst du, wie ich es mache? Und nochmals im Backofen backen. Eine richtige Delikatesse!«

Marie nickte, sie strahlte ihre Mama an, wie gern saß sie bei ihr.

Die Mutter wiederum staunte, wie eifrig ihr Mädchen war, wie lieb sie alles nachplapperte. Maries kindliche Haut war makellos, frischer und schöner ging es kaum noch. In der Fantasie der Mutter wurde Marie schlagartig erwachsen. Brauchte keine Bohnen putzen, ihre Hände hatten keine Schwielen oder winzige Schnittwunden, sondern waren zart und ohne Makel. Dazu gepflegte lange Haare, junge volle Lippen. »Stell dir mal vor«, sagte die Mutter, »du hast ein Kleid wie bei reichen Leuten. Und du hättest lange Haare, die man flechten und am Hinterkopf feststecken kann. Du warst beim Friseur, der hat das für dich gemacht. Kannst du dir das vorstellen?«

Marie nickte.

»Nun siehst du aus, als ob du reich wärst. Du bist erwachsen, du bist verlobt mit einem reichen Mann. Das habe ich eingefädelt, ich bin schlau. Wenn du den Mann heiratest, hat die ganze Familie keine Geldsorgen mehr. Dein Verlobter hat uns beide eingeladen auf ein tolles Schiff, auf Jungfernfahrt Richtung New York. Er hat unsere Reise bezahlt, er soll unser ganzes Leben bezahlen, deins und meins.«

Marie merkte, dass ihre Mutter wieder ins Träumen kam, das tat sie inzwischen immer öfter. Ließ die Arbeit ruhen, war in Gedanken weit weg. Marie sagte: »Ich werde den nicht heiraten.«

Die Mutter schaute sie entgeistert an: »Klar wirst du das, obwohl du nicht willst. Damals tat man noch, was die Eltern sagten! Eben wollte sie in einer nebligen Nacht vor Kummer über Bord springen, da sprach sie ein junger Mann an. Jack war sein Name. Er schaffte es, sie umzustimmen. Er nahm sie mit ins Unterdeck zu den armen Leuten, sie tanzten dort, es war so wunderschön, die Lebensmüdigkeit vergessen. Doch ihr Verlobter bekam Wind von Jack. Die Mutter machte einen Aufstand – sie solle sich dem reichen Verlobten widmen, statt hinter mittellosen Männern herzulaufen, doch sie gehorchte nicht. Die Verliebten trafen sich wieder, sie standen am Bug des Schiffes, hielten die Arme ausgestreckt und ließen sich den Wind um die Ohren pfeifen. Später versteckten sie sich im Laderaum und …« Die Mutter stockte. »Dort haben sie sich geküsst. Und so.« Die Mutter lief rot an: »Stell dir vor, Jack konnte malen, und er malte …«, sie zögerte, »er malte ihre Halskette!«

Marie fand das süß: »Vielleicht malt der Papa auch mal deine Halskette, dann freust du dich.« Da lachte ihre Mutter laut, Marie verstand nicht, wieso.

Die Fantasiereise war beendet, beide arbeiteten weiter,

bis alle Bohnen geputzt waren. Die Kartoffeln waren gar und kühlten ab. Ihre Mutter nahm eine zur Hand, pustete darauf, um sie zu kühlen, und steckte sie sich geradewegs in den Mund: »Ich rate dir, iss die Pelle mit, das ist gesund und wirkt wie ein Darmbesen.«

»Ein Besen?«

»Die dünne gekochte Schale putzt deinen Darm.«

Diesen Rat wird Marie nie vergessen. Wird immer viel Pellkartoffeln essen, jedoch mit Salz und Butter, das schmeckte besser.

Marie fragte ihre Mutter: »Wissen die zwei Verliebten auf dem Schiff auch das mit der Pelle?« Die Mutter schüttelte den Kopf: »Die hatten ganz andere Sorgen, das Schiff fuhr nämlich gegen einen Eisberg und sank.«

»Der Berg sang ein Lied?«

»Nein, es hatte ein Loch von dem Eisberg, das Wasser drang ein, alle drohten zu ertrinken. Jack rettete seiner Freundin das Leben, sie war auf einer Eisscholle. Er selbst war die ganze Zeit im Wasser, auf der Scholle war nur Platz für einen.«

Bei der Bäuerin flossen viele Tränen der Rührung: »Mannomann, da wird der Junge eine schlimme Blasenentzündung bekommen haben, bei der eisigen Kälte im Wasser!«

»Deshalb musst du weinen?«

Die Mutter blaffte sie an: »Na und?« Sie schnäuzte sich und schnippelte weiter, während sie sprach: »Der tut mir leid, der Junge. Es gibt nichts Fieseres als eine ausgewachsene Blasenentzündung, sicher ist er daran gestorben, mit viel Schmerzen. Da kann man auch mal heulen, oder? Als sie in New York angekommen ist, hat sie die sauteure

Kette verkauft. Von dem Erlös hat sie sich einen Bauernhof in Südniedersachsen gekauft, dort lebte sie glücklich bis ans Ende ihrer Tage. Leider konnte sie sich keine Bediensteten leisten und musste ihre Bohnen selber schnippeln.« Die Mutter stöhnte laut auf, fluchte: »Scheißdreck noch mal, jetzt hab ich mich doch geschnitten.« Sie blickte zu ihrer Tochter: »Du machst das sehr geschickt mit dem Messer.« Marie freute sich stolz, selten war es so schön, mit der Mama zu arbeiten. Marie fragte sich, ob der gefährliche Franzose wohl auch von klein auf üben musste, wie man mit einem Messer umging. Nicht Bohnen schnippeln musste er üben, aber Menschenfinger oder Hälse abschneiden von Leuten, die Schulden hatten.

Jeden Samstagabend setzte die Mutter ihre Tochter in die Badewanne, brauste sie ab, seifte sie ein, hantierte an ihr herum, als sei das Kind ein Stück Fleisch, das gepökelt werden musste. Schrubbte in allen Ritzen, machte keinen Unterschied zwischen Nase, Mund und Po. Gönnte Marie zuletzt einen lauwarmen Regen aus dem Duschkopf, damit sie gut schlafen konnte. Schließlich lag Marie am mächtigen Körper der Mutter, atmete durch; sie freute sich auf den Schlaf in Mamas Bett. Doch ausgerechnet heute konnte der Vater die Mutter zurückgewinnen, sie war ihm wieder gewogen, weil er ihr ein lächerliches Kettchen gekauft hatte. Sein Ding konnte nun eingeschaltet bleiben. Drum packte er das Mariechen im Nacken, als sei es eine nasse Katze, und verfrachtete das Kleine in das grell tapezierte Zimmer mit dem Gitterbett. Dort konnte es seinetwegen so laut brüllen, wie es wollte, es war ihm grad recht, dass Maries Geschrei sein

Rumpeln und Stöhnen übertönte. »Hol mich zurück, Mama! Ich bin dein Ringbringer!« Vergeblich geweint, Marie blieb von da an ausquartiert.

Greta lagerte die Kartoffeln im Keller, legte Kraut ein und holte gehacktes Holz in die Stube. Ihr Bruder hatte einen Vorrat neben ihrer Hauswand gestapelt, das würde beinahe für zwei schwere Winter reichen. Marie stand schlotternd im Garten und beobachtete, wie sich die Blätter verfärbten, sich schwankend vom Baum verabschiedeten, auf den Rasen und in ihren Schoß fielen, bald überdeckten sie den ganzen Garten. Der Goldregen legte ihr das schwarze Gift zurecht, doch sie nahm die Körnchen nicht wahllos, sondern versuchte es zögernd. Nahm eines davon in den Mund und lutschte es vorsichtig. Spuckte es wieder aus, so wie Greta es ihr vormachte. Das kleine Gift tröstete über vieles hinweg. Noch schöner war es, wenn Greta die getrockneten Blätter rauchte und Marie einen Mund voll Rauch überließ, ihre kleine Nase sog den willkommenen Goldregen ein und wartete auf dessen Rausch, es würde den Winter leichter machen. Sie hätte das gern dreimal täglich gehabt, doch Greta wollte es nicht übertreiben.

Der erste Frost kam. Es wurde Zeit, die Kakteen ins Haus zu bringen. Die Gartensaison war beendet, die Vorbereitungen auf den Winter in vollem Gange. Der Vater schleppte Weißkohl in großen Säcken in die Küche. Die Mutter viertelte die Kohlköpfe und entfernte den Strunk und die äußeren Blätter. Sie schnitt das Gemüse mithilfe des Krauthobels in feine Streifen, stampfte den Kohl, bis Flüssigkeit austrat. Streute Salz darüber und wiederholte diese Prozedur, bis das Fass voll war. Die oberste Schicht deckte sie mit Kohlblättern ab, gab den Deckel drauf, ein Tuch darüber und beschwerte alles mit dicken Steinen. Dieses Fass würde im kühlen Keller bleiben und gären, Sauerkraut passte perfekt zu Würstchen mit Kartoffelsalat und spendete an dunklen Tagen Vitamin C. Greta hätte gerne auch über den Winter das Kind versorgt, doch die Familie wollte es nicht. Einen vernünftigen Grund nannte man nicht, die Mutter murmelte nur etwas von Verwöhnen und Entfremdung. Was bedeutet das? Niemand sprach mit Marie, mit Greta. Als man Marie für diese Saison ins Haus holte, stand Greta versteinert hinter der Gardine am Fenster. Winkte sie ihr zu?

7

Es schien, als hätte die Familie das Mädchen mit Sauerkraut verwechselt. Sie verfrachteten es in ein kühles Zimmer, in dem einzig ein Gitterbett mit durchgelegener Matratze stand, darauf eine Decke und Kopfkissen. So konnte dem Kind nichts geschehen, das Zimmer hütete sozusagen seine Bewohnerin. Für den Winter hatten sie ihr Mädchen eingemottet wie einen Mantel.

Greta und Marie wurden für Monate getrennt. Die Verwandten besuchten einander nicht, Greta hatte sich immer schon vor deren Unordnung und Schmutz geekelt, ihre vulgäre Sprache war ihr ein Graus. Die Geschwindigkeit in der Familie war enorm, man verschlang bei Tisch in kürzester Zeit alles. Das Kind musste sich anstrengen, um ans Essen zu kommen. Die Schüssel war zu weit weg, es musste sich durchboxen, wer nicht rechtzeitig zugriff, würde verhungern und verdursten. Die Ellbogen bekamen eine sehr wichtige Funktion. Das Leben schien ein Kampf, das war in diesem Kreis deutlich spürbar; wer nicht zupackte, stünde am Ende mit leeren Händen da. Auch die Lautstärke war stark aufgedreht, man brüllte sich an, statt zu sprechen. Man schmatzte mit vollem Mund, aß mit den Händen, putzte sich die Finger an der Hose ab. Wenn sie gingen, schlurften sie.

Bruder und Schwägerin wiederum nervte, wie pingelig Greta sich immer aufführte, als sei sie was Besseres, verlachten ihre leise und zurückhaltende Art und wären nie auf die Idee gekommen, sie zu sich einzuladen. Das kleine Mariechen hatte vieles von der Tante übernommen, sprach wahrhaftig ein Gebet bei Tisch, nutzte ein Tempo als Serviette und aß sein Wurstbrot mit Messer und Gabel: »Haste das gesehen? Die ist so doof!« Marie hatte sich von ihrer Familie entfremdet: »Das ist, als wenn es nicht sein eigenes Kind ist«, beschwerte sich die Mutter.

Niemand hatte Zeit und Lust, Marie Geschichten vorzulesen oder Dinge zu veranstalten, die nur Studienräte mit ihren Kindern unternahmen. Museum, Malen, Musik machen. Als Bauer hatte man auch im Winter zu tun, Holz hacken etwa. Die wenigen Rindviecher mussten im Stall versorgt werden, da sie nicht mehr auf die Weide konnten. Der Frost ließ Wasserleitungen einfrieren, das machte dem Bauern zu schaffen. Neben dem Vieh verlangten auch die Landmaschinen volle Aufmerksamkeit. Da sie vom Frühjahr bis zum Herbst fast durchgängig im Einsatz waren, bot sich nur im Winter die Gelegenheit zu Wartung und Pflege. Der Schnee musste ebenfalls von Straßen und Parkplätzen geräumt werden.

Es fehlte eine Oma, die dem einsamen Kind Geschichten hätte erzählen können. Mutter und Vater standen im Türrahmen, beide hatten die Arme vor der Brust verschränkt. Der Vater war als Junge unter denselben Bedingungen aufgewachsen. Im Sommer im Garten, im Winter drinnen im Zimmer. Maries Brüder waren Schlag auf Schlag geboren worden. So kam es, dass sie nicht allein im Winterquartier ausharren mussten, sondern miteinander spielen und sprechen konnten. Sie hatten sich ständig um das Essen gerauft, gerangelt, sich auch geschlagen, aber kaum unter Einsamkeit gelitten. Marie war ein Nachzügler und hatte keine solche Gesellschaft zu erwarten. Dass es in solch einem Zimmer recht einsam werden konnte, war den Eltern schon klar, aber sie dachten sich nichts weiter dabei. Man kann sich ja nicht den ganzen Tag um ein Kind kümmern. Es muss auch mal allein zurechtkommen. Ihnen hatte es damals ja auch nicht geschadet, meinten sie zumindest, ihre Herzenskälte spürten sie längst nicht mehr.

Vater: »Wir könnten ihr ein Radio reinstellen.«

Mutter: »Wozu? So 'n Kleines versteht eh nichts.«

Doch!, dachte Marie. Ich verstehe jedes Wort, wenn man es mir erklärt. *Geht eine Frau die Trepp' hinauf!* Ich kenne Radio nicht, aber ich will es haben!

Die Eltern verließen den Raum und ließen das weinende Kind allein.

Der Vater sagte: »Man sollte doch mal an den Kindergarten denken.«

Die Mutter nickte: »Die werden sagen, im Winter rein, im Sommer raus, das wollen die nicht.«

»Hast du gefragt?

»Ich kann ja mal.«

Irgendwann heulte Marie nicht mehr, fand sich mit ihrer Lage ab. Was war das für ein Zimmer? Kahl, mit einer grauenhaften Tapete. Der Fußboden steinig, ein Fenster zur Straße. Allerdings konnte das Mädchen von seinem Bett aus nichts sehen außer den Dachspitzen der Nachbarn. Selbst wenn Marie sich reckte und im Bett auf die Zehen stellte, sah sie nicht mehr. Ab und zu hörte sie ein Auto vorbeifahren oder Spaziergänger, die miteinander sprachen. Menschlicher Klang schwoll langsam an, wurde lauter, kam näher. Abschwellender Klang, wieder leiser, nichts mehr zu hören.

Die akustische Ernte eines ganzen Tages ist in kleinen Dörfern gering, da geschieht nicht viel. Wenn einer etwas hören ließ, waren das wertvolle Vokabeln, sie machten den Raum bunt, als würde jemand Blumen bringen. Zumeist hörte Marie Autos und Schlepper, laut und schnell rasende Motoren, dunkle Knattergeräusche, hell hupende. Wer fuhr hier lang? Wer spazierte? Kurze Schritte, lange Schritte. Schlurfend, eilig, zackig. Hohe Hacken, leise Sohlen. Dann noch regelmäßig Kirchenglockengebimmel. Sonst nichts. Gähnende Langeweile, aber auch keine wirkliche Ruhe.

In Maries Ohren schien es inzwischen ein Wasserwerk zu geben, das ständig pumpte oder rauschte. Und winzige Musikanten, Bläser, die leider nur einen einzigen sehr hohen Ton zur Verfügung hatten, der dem Rhythmus des Wasserwerkes folgen wollte, aber nicht immer konnte. Wenn sie mit dem Oberkörper schaukelte, schwangen die Töne oder Geräusche in einem anderen Rhythmus, das irritierte sie sehr. Weshalb musste sie hier sein? Störte sie ihre Eltern und Brüder so sehr, dass sie allein hier drin warten musste? Warten worauf überhaupt? Im Ställchen war das anfangs ähnlich gewesen, ständig war sie eingesperrt gewesen, musste warten und hoffen, versorgt zu werden. Oder hoffen, dass einer etwas mit ihr tat. Was ist das für ein seltsamer Zustand?

Höhepunkt des Tages waren die Essenszeiten am Familientisch, jeden Tag wartete sie darauf. Dann kam sie aus ihrer Verbannung raus, hörte Menschen, hörte deren Gespräche. Sie setzten Marie in einen Stuhl, stopften Essen und Trinken in sie rein. Sie hörte neue Worte, die sie sich merken wollte, sah interessiert zu. Nach den grauenhaft dumpfen Stunden in der Tapetenhölle war das Geschehen um sie herum der reinste Himmel. Eine halbe Stunde, und es war vorbei. Das Frühstück fiel besonders kurz aus, fünf Minuten, nicht mehr, nur ein Brot mit Marmelade und eine Milch.

Marie sortierte die Tage nach Farben, als seien sie immer anders gekleidete Gäste. Sonntag war der beste, wegen der Kirche, ganz gelb! Hatte in ihrem Zimmer einen blauen Tag, der war frostig. Dann einen grünen und so weiter. Bis das Ganze sinnlos schien, es waren ja bloß Farben und kein Leben. Wenn das Gitterbett wenigstens am Fenster stehen würde, sodass sie schauen könnte, wer da kam und ging, dann könnte sie den Menschen zuwinken. Freundliche Leute würden vielleicht zurückgrüßen oder sogar auf einen Besuch hier hochkommen, Kuchen mitbringen. Diese Menschen hätten sicher ein paar Worte für sie, Marie brauchte ja doch einen Wortschatz! Sie bekam ihn aber nicht, so sehr sie sich auch danach sehnte. Das Brummen und Pfeifen in ihrem Kopf war zu einem Dialog nicht in der Lage.

Wieso sprachen die Brüder nicht mit ihr? Sie legten keinen Wert darauf, in dieses Zimmer zu gehen. Sie erinnerten sich nicht gern an dieses Loch, genau dort waren sie dumpf und ängstlich geworden. Darum taten sie nichts für sie, erzählten keine Witze, sangen ihr kein Lied vor oder taten sonst was für die kleine Schwester. Scheiß Brüder, dachte Marie. Wenn ich die mal erwische, wenn ich endlich groß genug bin und stark dazu, dann beziehen sie Prügel von mir, das schwöre ich. Sie wird später Palastwachen haben, die würden ihre Feinde quälen oder umbringen, ganz wie sie es befahl. Solche Sätze zu denken tat gut.

An den Wänden klebte das Grauen, eine sehr alte Tapete mit neonorangen und braunen Kreisen, runde Flächen, mit den Jahren nur wenig matter geworden. Diese Scheußlichkeit schmückte alle vier Wände des kleinen Raumes. Welcher Idiot hatte sie geklebt? Was sollte nur aus ihr werden, wenn sie das jeden Tag anschauen müsste? Sie würde noch wütender, grell, böse und dumm. Ihre aggressiven Brüder sollten kommen und für die kleine Schwester diese scheußliche Tapete von der Wand reißen.

Ihr einziger Genuss war es, vor dem Schlafengehen für einen Moment im Bett der Mutter liegen zu dürfen. Sie holte Marie und kuschelte mit ihr wie in alten Zeiten. »Mariechen, stell dir vor, auf unserem Kartoffelacker sind Außerirdische gelandet. Als dein Vater nach dem Rechten sehen wollte, sind sie abgehauen. Einen Kleinen haben sie versehentlich hiergelassen, der sah aus wie ein Wurm, richtig eklig. Wir haben ihn erschlagen, dann sind wir nach Hause gegangen.«

Mehr erzählte sie heute nicht. Marie hoffte, dass noch was kam, aber scheinbar war das die ganze Geschichte. Muss eine sehr kurze Kurzgeschichte gewesen sein, nur eine Viertelminute hatte sie gedauert, und schon berichtete die Mutter wieder den üblichen Unsinn, schimpfte auf die Müllabfuhr, beklagte sich über den Nachbarn, der seinen Müll in ihre Tonne geworfen hatte. Die Sätze gingen verloren, es wurden Brocken serviert, halbe Gedanken, Ungereimtes, zu Leises, zu Lautes. Keine neuen Gedanken, sondern beinahe jeden Abend dasselbe Gefasel.

»Hab den Milchbrei anbrennen lassen. Bis der Topf wieder sauber war, was für eine Arbeit.«

Sie erlebte gern Belangloses, Thema in der Metzgerei war heute »Besenreiser in den Beinen«. Sehr selten sprach sie von etwas, über das man länger nachdenken konnte. Mode hingegen interessierte sie. Arabella und ihre Sendung fand sie toll. Maries Mutter war ein Wesen, das sich gern ausführlich mit dem Fleisch und Stoff beschäftigte, die sie umgaben, in Kleidergröße 46. Und was im Fernsehen läuft. Besonders die Liebesfilme. Wenn andere Frauen nach ihrem Jüngsten fragten, wusste sie kaum was zu antworten. Ihr fehlte irgendwie die Lust, sich damit zu beschäftigen. Ihr Antrieb war auf null gefallen, der Vater hätte sie warten und pflegen müssen wie seine Maschinen, tat aber nichts dergleichen. Schmusen sei nicht sein Ding. Und zur Sache gehe seine Frau nicht mehr, das nahm er ihr krumm. Die Eheleute machten sich gegenseitig das Leben schwer.

Winter war für das Kleine drinnen sein und Stille. Keine Frische, keine Luft, nur winzige Häppchen Sauerstoff waren zu haben, zigmal geatmete Schnarchreste von irgendwem, dazu die Ausdünstungen der geschmacklosen Tapete – Maries Lunge stöhnte, lieber wollte sie draußen erfrieren, als diesen Geruch ertragen zu müssen. Der

Mangel an Sauerstoff machte sie entsetzlich müde. Keine Brise, kein Baum, keine Greta. Vorsicht, Fehler! Besser nicht an die Tante denken, sonst versank ihr letztes bisschen Kraft im tiefen Schattenmeer. Mut musste sie fassen – aber woher? Marie unterbrach ihren Gedankengang, reckte sich, stand auf, setzte sich wieder, etwa zehnmal hoch und runter, bis der Puls etwas anstieg. Mut kam keiner, wo blieb er nur? Wenn das so weitergeht, dachte Marie immer wieder, würde auch sie bald so dumpf werden wie ihre Familie, riechen wie sie, handeln wie sie, weil die nichts in sich hatten als Gekröse, kein Herz und kein Hirn.

Als sie in das Zimmer kam, war Marie längst trocken gewesen. Leider Gottes gab es hier aber keine Toilette, sie hatten einfach ein Töpfchen in die Ecke gestellt, in das sie ihr Geschäft machen sollte. Es stank fies. Marie untersuchte die stinkende braune Materie, die aus ihr rauskam, und die Farbe, nicht schön, aber doch zu gebrauchen, wenn sie sonst nichts Besseres zum Spielen hatte. Endlich eine Aufgabe, sie übermalte die grelle Tapete mit Kot, wo immer sie hinlangen konnte, das Grelle wurde nun recht anständig übertüncht mit Braun. Die Arbeit nahm einen ganzen Tag in Anspruch. Die Reaktion darauf fiel lautstark und schmerzhaft aus, sie wurde zum ersten Mal verhauen. Ob man es glaubt oder nicht, verhauen zu werden war gar nicht so schlecht. Haue ist zumindest eine Berührung, wenngleich eine deutlich spürbare. Sie würde trotzdem weiter an ihrer Malerarbeit bleiben. Die Eltern verpassten ihr eine Windel, aber die zog sie einfach aus, wartete auf die Verdauung und Material und arbeitete weiter. Wurde wieder verhauen, das war nicht uninteressant, sie lernte neue Worte dabei: Dreckspatz, verdammt, nicht normal.

Wieder mal standen die Eltern gemeinsam im Zimmer. Die Mutter meinte: »Wir könnten ihr doch endlich ein Radio reinstellen, vielleicht hört sie dann auf mit dem Mist.« Marie horchte auf. Radio! Davon war schon mal die Rede gewesen.

Vater zu Mutter: »Wozu ein Radio?«

Mutter zu Vater: »Damit sie Unterhaltung hat. Hier drin geschieht doch den ganzen Tag nichts.«

Genau! Ich werde irre von der Stille. Her mit dem Radio!

Vater zu Mutter: »So ein Ding frisst ne Menge Strom.«

Mutter zu Vater: »Kühe mögen auch gern Musik hören.«

Vater zu Mutter: »Schwachsinn.«

Die Tür schloss sich wieder.

Marie kannte Radio nicht, niemand hatte ihr was von seiner unterhaltsamen Art erzählt. Stattdessen musste sie nun ständig Kirchenglocken hören. Stündlich, halbstündlich, Höhepunkt der Ereignisse um zwölf Uhr, heftiges Gebimmel! Ernüchterung um eins: nur einmal. Selten ein Hupen im Dorf. Das Krähen der Hähne lernte Marie lieben. Und wie herrlich empfand sie es, wenn Nachbar Rudolf seine Frau und die Kinder schlug. Sie konnte das alles genau hören, die wohnten in einem Holzhaus. Mehrstimmiges lautes Heulen bis zu ihr hinauf. Danke, grober Rudolf, dachte Marie, schlag sie kräftig weiter für mich, jeden Tag, damit ich was erlebe. Pik ihnen in den Oberarm, wenn du so gut bist! Dann wird meine Gefangenschaft hier erträglicher sein. Doch Marie hatte Pech. Rudolf lenkte schon nach wenigen Tagen ein, entschuldigte sich unter Tränen bei Frau und Kindern, wurde zum Doktor geschickt und bekam nun Pillen gegen seine Wut.

Jetzt hörte sie Geschirrgeklapper und Geschrei. Der Vater vielleicht? Fernseher mit Quizsendung. Brüder lachten, Mutter stinkwütend. Sie schimpfte den einen, er solle den Tisch decken, doch der antwortete rigoros »Nein«. Hausaufgaben sollte ein anderer machen, doch der sagte dazu »Nein«.

Marie dagegen würde zu gern einen Tisch decken. Hallo? Ich bin da!

Mutter wird denken, sie sei zu klein, um helfen zu können.

Ein Dritter sollte später abräumen, doch der weigerte sich ebenfalls.

»Das ist Frauenarbeit.«

»Ja, spinnst du?«

Die Mutter weinte wütend, alles bleibe an ihr hängen. Sie weinte inzwischen gern, in unterschiedlichen Tonlagen. Der Vater verhaute seine Söhne, das tat er auch recht gern. Daraufhin sagte niemand mehr was.

Tage gingen dahin, Wochen, eingeschlossen im Zimmer, für nichts und wieder nichts. Kaum gelebt, nur irgendwie am Leben gehalten, sich mal gekratzt, ins Bett gepisst. Einer der Brüder hat sie deswegen gehauen, Wange glühte, aber Schmerzen taten gut! Vergessen, welcher das war … wie hießen die Brüder noch? Sollten an die Stirn klopfen, die Nasenfrau machen, das wär mal was. Nicht einmal, tausendmal bitte, bitte hintereinander sagen, liebe Greta. Das hatte sie wirklich schön gemacht! Selber gelacht dabei, wieder, immer und immer wieder, worum ging es noch mal, dass es eine Freude war? Vergessen. Nun musste sie das alleine tun. Wo war Greta? Spielte sie mit anderen Kindern dieses Spiel? Trepp' hinauf. Dieser Gedanke schmerzte Marie besonders. Greta hat sicher inzwischen ein anderes Mädchen lieb, hatte eine gewisse Marie vergessen. Panik stieg in ihr hoch wie beißend saures Obst. Greta! Wieder schluchzte das Kind. Es brauchte irgendwen, irgendwas Gutes. In der Kirche boten sie einen an. Der große Helfer Jesu Christ, die letzte Rettung da oben im Himmel, der hätte ihr noch gefehlt. Hallo, tust du mal was? Jesus geht die Trepp' hinauf, klingelingeling, klopf, klopf, guten Tag Herr Gott? Keiner da.

Sie erinnerte sich an den Goldregenrauch aus Gretas Mund. Wie gut sie so einen Rausch jetzt gebrauchen könnte! Wie sehr sie Greta vermisste, die hätte sie betäuben können, damit sie diese Ödnis nicht spürte. Greta war aber nicht hier, sie hatte keinen Schlüssel, oder die Eltern hatten ihr verboten, herzukommen. Marie verstand nichts von dem, was die Erwachsenen taten. Irgendwann blieben die Tränen aus, sie hatte einfach keine Flüssigkeit mehr dafür übrig. Auch ihr Mund war trocken, das Heulen hatte das Kiefergelenk erbärmlich angestrengt, das ständige Auf- und Zuklappen vom Schluchzen tat weh. Nach und nach wurde Marie leiser. Sie schmiedete mit letzter Kraft widerlichste Pläne, ihre Eltern sollten das hier noch bitter bereuen. Irgendwann, das schwor sie sich, würde sie sich rächen. Nicht heute, sondern irgendwann, wenn die Eltern einen Menschen brauchten. Dann war sie nicht für die da.

Woher aber Wärme holen in der Zwischenzeit? Kleinkinder haben Möglichkeiten, sie machte einfach ihr kaltes Bett warm, indem sie gelbe Tränen pullerten. Bettnässen war von nun an für Marie jede Nacht Programm, es fühlte sich an, als sei sie in Gesellschaft eines zuverlässigen Backofens oder einer warmfeuchten Freundin. Die Erwachsenen fluchten, das hatten sie nun davon. Konnten Laken waschen, täglich schimpfen, endlich beschäftigten sie sich mit ihr.

»Ja, spinnst du jetzt, Fräulein!«

Sie genoss den Trost der gelben Tränen. Gelb wie eine Banane ist ihr bester Freund. Stinkt wie ein Hund, der im Regen gelaufen war. Sie lauschte. Mutter zu Vater: »Wir könnten ein Radio reinstellen.«

»Das hast du schon mal gesagt.«

»Dann mach doch!«

Beide nickten, aber der Vater machte nichts, die Mutter auch nicht.

Neue Ideen mussten her, unbedingt, noch etwas Kraft, reiß dich zusammen, Marie. Einer ihrer Brüder könnte ihr zuliebe sterben, sie käme für die Feierlichkeiten mal einen halben Tag hier raus. Eine Beerdigung ist sicher eine feine Sache, viele Leute, traurige Musik, genug zu trinken, viele Gefühle und plötzlich nur gute Erinnerungen. Sie könnte die vier Beerdigungen ihrer Brüder so sparsam aufteilen, dass sie den Rest des Winters hier einigermaßen überstand, jeden Monat sollte einer draufgehen. Fragte sich nur, woran sie sterben sollten, an einer Krankheit vielleicht oder Gift. Der Goldregen! Das war die Lösung. Nur hatte sie hier keine schwarzen Körnchen, wie dumm von ihr. Das würde ihr nie wieder passieren, in Zukunft wird sie immer eine Handvoll Samen bei sich tragen, eingenäht in den Hosenbund, so wie Greta. Da wollte man endlich mal morden und hatte nichts Tödliches dabei. Dumm war sie, dumm. Lange beschäftigte sie sich mit Mord- oder Fluchtplänen und immer wieder wurde ihr klar, dass sie zu klein dafür war.

Ein Korn liegt für viele Wochen im Dunkeln. Erst weicht es auf, dann platzt seine Haut, es fügt sich in eine neue Gestalt und kommt verwandelt hervor, mit viel Kraft strebt es dem Licht entgegen, zerbricht den Kerker und schafft es an die Luft, an die Sonne, lebt auf. Trägt Früchte, erfindet sich neu. Marie denkt: Auch ich werde diese Veränderung erleben, ganz sicher, ganz natürlich. Noch liege ich im Dunkeln, aber ich träume bereits vom Leben im Sonnenlicht, von dunkelblauen Gewässern, daneben türkis strahlende Streifen. Zarte weiße Wölkchen zwischendurch und Wind, der kühlt und mit den Blättern spielt. Diese Fantasien hielten sie aufrecht, doch irgendwann ging auch das nicht mehr, die Wirklichkeit ließ sich nicht ewig leugnen.

Etliche Tage später, als sie vor lauter Nichts beinahe vergangen wäre, wurde ihr endlich eine willkommene Abwechslung geschenkt. Mitten in der Nacht wachte sie erschreckt auf, entdeckte roten Lichtschein am Nachthimmel, mehr war vom Bett aus nicht zu sehen. Mit einem Ruck saß sie kerzengerade, lauschte fremden Geräuschen, schnupperte nie Dagewesenes. Etwas knisterte und brach, der Geruch von Lagerfeuer und giftig schmelzendem Plastik lag in der Luft. Marie wollte unbedingt miterleben, was da draußen vor sich ging, mühte sich aus dem Bett und nahm den Hocker, stellte ihn vor das Fenster, kletterte hinauf und betrachtete entzückt das Schönste, was sie je gesehen hatte – das erste Feuer ihres Lebens. Flammen schlugen hoch, Balken brachen, Funken stäubten wie Millionen Sterne, das Scheunendach der Nachbarn brannte erst hell und sackte schließlich wuchtig ein, Flammen in allen Farben, Weiß, Blau, Grün, Rot. Dazu eine Menge Qualm, verzweifelte Schreie der betroffenen Menschen, die um ihren Besitz bangten. Dann erst, viel zu spät, die Sirene der freiwilligen Feuerwehr. Marie sah Menschen in Uniform, sie sprangen aus den Fahrzeugen, riefen sich laut Kommandos zu, liefen herum, öffneten Hydranten, schlossen Schläuche an. Weitere Balken brachen, wieder Funkenflug! Feuer gefiel ihr über alle Maßen, wer hatte dieses Glück entfacht? Was für eine Freude!

Schräg gegenüber, im Haus neben der Scheune, stand ein uralter Mann an einem Fenster im ersten Stock und schaute besorgt. Marie winkte ihm zu, doch er reagierte nicht. Wasser marsch! Wie wunderbar das anzusehen war! Die Feuerwehr löschte, so gut sie konnte. Die Scheune galt bereits als verloren, wichtig war, dass der Brand nicht übersprang auf die umliegenden Häuser. Man arbeitete die halbe Nacht, bis die Scheune schwarz eingefallen war. Das Haus daneben war unbeschädigt, aber pitschnass, der alte Mann vom Fenster verschwunden, wo war er hin? War ihm was passiert? Marie machte sich Sorgen, sicher stand seine Wohnung unter Wasser. Zum ersten Mal traute sie sich allein aus dem Zimmer, tapste durch den Flur, sah nach der Mutter, dem Vater. Beide waren noch wach, hatten den Brand bemerkt, waren nicht betroffen, Marie solle weiterschlafen, die Nacht sei kurz. »Und der alte Mann?«, fragte sie.

Zurück an ihrem Fenster, schaute Marie nach draußen, die Feuerwehr rollte ihre Schläuche ein. Ohne zu zögern zog sie sich eilig ihre Stiefel an, ging leise raus und konnte gerade noch sehen, wie das große Feuerwehrauto abfuhr. Löschwasser hatte sich mit Asche vermischt und war zu einer schwarzen Pampe geworden, die an den Stiefeln klebte. Sie mühte sich zum Haus des alten Mannes, rief, klingelte, klopfte. Niemand reagierte. Marie hatte sich sattgesehen an der schwarzen Scheune und dem schwarzen Matsch, sie fror, wollte zurück ins Bett. Da fiel eine lose Dachpfanne herab, traf das Kind am Kopf, es fiel bewusstlos in den Dreck. Ende. Wenigstens hatte sie ein prima Feuer genossen. Erst am Morgen fand ausgerechnet der alte Mann sie schwarz und eiskalt am Boden und gab Bescheid. Der Vater hob sie hoch, ein Krankenwagen kam.

Eine junge Krankenschwester staunte über den schlechten Allgemeinzustand des Kindes: Kopfverletzung, Druckstellen, der wunde Po. In dem Alter waren Kinder doch normalerweise längst sauber? Wird es vernachlässigt, gar misshandelt? Sie schilderte ihre Befürchtungen einem Arzt, der befragte zurückhaltend die Eltern. Sicher war Marie noch nicht sauber, aber sie seien dran. Das Thema sei auf dem Tisch, sozusagen. Und die Kopfwunde sei zustande gekommen, weil das Kind das Feuer sehen wollte und mitten in der Nacht allein herausgeschlichen war. Man könne schließlich niemanden haftbar machen, wenn da nach einem Brand eine Dachpfanne herunterfiele. Das alles klang vernünftig, der

Arzt sah keinen Anlass, die Eltern in Schwierigkeiten zu bringen.

Während der Behandlung sprach der Vater den Arzt an, ob er vielleicht Japanisch spreche. Der Arzt verneinte. Wegen der japanischen Ärzte, sagte der Bauer, deren Fachsprache sei ja tatsächlich Deutsch. Der Arzt nickte: »Hab davon gehört, das wichtigste deutsche Wort in Japan ist aber ›Arbeit‹. Die sagen ›arubaito‹ für Teilzeitarbeit.«

Der Vater staunte: »›Arubaito‹, soso.« Wieder was gelernt.

Gern wäre Marie noch ein paar Tage im Krankenhaus geblieben, die weiße Wäsche knisterte dort frisch, das Essen war prima, und alle waren so lieb zu ihr, Engeln gleich. Vor allem Nick, der Pfleger, der sich Bettpfannenbalancierer nannte und singen konnte. Nick war einfach gut. Ihre Eltern dagegen schlammige Ungeheuer. In der Apotheke hatte man inzwischen Schmerzmittel besorgt und sie wurde entlassen, zurück in die Einsamkeit. Nick sollte mit und konnte leider nicht. Marie dachte lange nach. Vielleicht wird sie auch mal Bettpfannenbalanciererin. Ein Beruf mit Zukunft? Ach nein, das stinkt doch zu sehr und ist traurig, weil die Menschen im Krankenhaus so leiden, sogar sterben. Dann doch lieber in frischer Luft im Garten wühlen, als kranken Menschen den Popo schön machen. Wer so was kann, ist ein Held, so einer wie Nick.

8

Das Wetter war kalt und nass, vom Frühling konnte man nur träumen. Marie wagte keine neuen Ausflüge zu unternehmen, saß allein im unwirtlichen Zimmer. Advent und Weihnachten konnten ihr gestohlen bleiben, sie war so matt, dass sie kein einziges Licht am Baum erkennen konnte, es blendete sie regelrecht. Ein paar Knaller an Silvester, die an die Feuersbrunst erinnerten. Marie konnte bald die langen Tage nicht mehr von der Nacht unterscheiden. Wusste nicht, ob sie wach oder schläfrig war, wurde zu Staub, hockte da wie eine Fluse und tat nichts. Fürchtete, fortgepustet zu werden.

Resümee ihres Lebens: Geboren worden, geschafft. In Milch erstickt und sehr oft überlebt. Und das Feuer, das war gut gewesen, dafür hatte es sich gelohnt. Und Greta – wo war sie nur, oh weh, nicht dran denken. Sehnsucht nach ihr kratzte im Hals. Hatte sie das Feuer auch gesehen? Hatte sie mitbekommen, dass ihr was auf den Kopf gefallen war? Lebte die Tante noch? Riesengroße Sehnsucht nach ihr und dem Garten! Doch es war Winter, bloß nicht an Sehnsucht denken. Wenn sie einmal anfing zu heulen, hörte sie niemals mehr auf. Aushalten!

Wochen später fielen Schneeflocken am Fenster vorbei, das war mal schön. Doch nun konnte sie nicht mehr. Aufgehört zu trinken, Piepton warnte. Allein, immer allein. Na und, Kopf an die Wand pochen erleichtert das Elend. Versuch es mal. Marie klopfte also lange an die Wand, es dachte sich wahrlich angenehm im Takt. Ob es einer Schneeflocke auf dieser Welt gefiel? Sie würde so oder so schmelzen, hatte aber zumindest einen großartigen Flug und eine sanfte Landung gehabt, mehr konnte man vom Leben nicht erwarten. Flocken waren hinreißend schön, keine glich der anderen, das musste man sich mal vorstellen! Wer verschwendete seine Fantasie, jeder winzigen Schneeflocke seit Anbeginn der Zeit ihre Einzigartigkeit zu geben – Gott?

Davon sprach die Pfarrerin gern, dass es einen im Himmel gab, der alles gemacht hat, macht und machen wird. Auch sie, das Mariechen. Er hat sie zusammengebaut, mit Fingernägeln und Augen, wie er es wollte. Wie ein Schuster, der jeden Tag Schuhe macht. Gott liebte sein Werk, auch Marie, auch Greta, auch den Vater. Jeder Drecksack ist von Gott gewollt. Wo ist er denn, fragte sie sich. Soll sich gefälligst mal blicken lassen. Gott hatte längst nicht alles gut gemacht. Der konnte ja nicht mal auf Dachpfannen achten, die runterfallen. Womöglich klopfte er Tag für Tag an die Tür, um Marie glücklich zu machen, aber die Mutter ließ ihn nicht rein, weil sie nicht aufgeräumt hatte. Erst wenn es sauber sei, könne Gott eintreten, meinte sie. Da konnte sie lange auf Gott warten, die Mutter räumte nie auf. Dabei hätte Marie Gott gern mal angeschaut, wenn es ihn gäbe. Männer mit Bärten fand sie schön. Er könnte ja mal bei Greta vorbeikommen, wenn sie im Garten ist. Die hatte sicher nichts dagegen, wenn Gott auf einen Tee blieb. Greta ist gastfreundlich, bei ihr ist immer aufgeräumt. Oh nein, Fehler! Bloß nicht an Greta denken und ihre sauberen Zimmer, furchtbare Sehnsucht überfiel sie nun. Magendrücken, Würgereiz, lange Tage, viel zu lange Tage in dem Raum mit Tapete. Stille.

Da plötzlich ein vollständig fremdes Geräusch im Ort. Erst ein tiefes herzzerreißendes Stöhnen, das so durchdringend war, dass jeder im Dorf es hören musste. Danach ein mühsam lang gezogener Ton. Als wache ein Gigant nach sehr langer Ruhe auf. Luft blies, klopfen, treten. Marie hob ihren Kopf und lauschte angestrengt, ach, wenn sie doch hinlaufen könnte. Die Musik drang aus der Kirche, nie zuvor gehört. Glöckchen, die eilig laufen konnten. Marie stand in ihrem Gitterbett, das Ohr ganz zum Geräusch gewandt. War das endlich Radio? Es erklangen Töne, die sie retten könnten, melodisch wie dicke Butter auf warmem Brot, mit Himbeermarmelade beschmiert. Und sie konnte das nicht erleben, weil sie hier im Ställchen gefangen war. Alle hatten sie vergessen, sollte sie jetzt wieder heulen?

In diesem Moment ging die Tür auf, die Pfarrerin kam hinein, sah das deutlich vernachlässigte Kind einsam im Bett stehen, inmitten von Kot- und Uringeruch. Sie war vom Anblick entsetzt: »Mariechen …«

Langsam drehte diese den Kopf und staunte, dass die Pfarrerin auf einmal vor ihr stand. Die hatte sie also nicht vergessen, nun weinte sie doch.

»Marie, das musst du hören. Die Orgel spielt. Komm, ich zieh dich an, und wir gönnen uns einen Ausflug in die Kirche, zur Orgel.« Sie reinigte das Kind, zog ihm frische Wäsche und warme Kleidung an und ging mit ihm nach draußen, durch die Kälte hindurch in eine andere Kälte hinein. Warum waren Kirchen immer so kalt! Gott hatte alles, bloß keine Heizung. Leider auch keine Töne mehr, sie waren zu spät gekommen, die Orgel stumm. Marie weinte bitterlich. »Es kommen noch mehr, keine Sorge. Ich ziehe dich an.«

In den Holzreihen saßen kaum Menschen, nur ein junger Fremder an den Tasten der Orgel. Die Pfarrerin setzte sich, hielt Marie auf ihrem Schoß. Schließlich ein Trampeln und Treten, Luftzüge saugten, Töne, ein sehr tiefer Lauf, als wolle die Musik vor der Kälte fliehen. Fette Töne, die man anfassen könnte, unsichtbares Auftreten eines Königs. Marie lauschte einer Generalüberholung der Orgel mit Tonprobe. Das Instrument war seit Jahrzehnten verstummt gewesen, nun war endlich Geld bewilligt worden, der Orgelbauer war dran.

Viele Töne liefen eine Leiter hoch, klingeling, Blasebalg stöhnte und stöhnte. Ein tiefer Ton. Pause. Dann nuschelte die kleine Schwester vom großen Ton genervt vor sich hin. Eine Tongruppe marschierte militärisch, eine andere zögernd, hängte sich kleine Glöckchen übers Ohr. Orgel im Sparmodus. Und plötzlich, die arme Marie erschrak, eine Toccata, die sich gewaschen hatte. Endlich Schönheit für die Ohren, das hier musste Radio sein. Marie hob ihre Schürze und sammelte die Töne in den Schoß. Als Vorrat, der karge Winter war noch nicht vorbei. Die Pfarrerin hatte feuchte Augen, weil sie die Aufmerksamkeit des Kindes rührte.

Marie fühlte sich der Musik so nah, als säße sie auf

dem Schoß des Organisten. Der spielte nun ein schüchternes Stück, das klang wie die Übung einzelner störrischer Kinder, die nicht üben wollten. Anschließend ein pompöses Stück wie im Gottesdienst, nur ohne langweiliges Gerede. Tontreppe runter, Tontreppe wieder hoch. Marie liebte alle Töne, egal ob hoch oder tief, auf keinen Fall wollte sie mehr zurück ins Zimmer, da ging es ihr schlecht. Sie wollte Menschen und Musik um sich haben. Doch der Orgelbauer hatte Feierabend, die Pfarrerin brachte das Kind zurück, drückte es und verabschiedete sich schweren Herzens.

Sie redete mit den Eltern. Die nickten zu allen Vorwürfen, die die Geistliche ihnen machte. Ja, man müsse sich besser kümmern. Die taten sogar, als würden sie beten und bereuen, aber es war alles nur gespielt. Als die Pfarrerin fort war, landete Marie wieder auf ihrem Matratzenlager. Dort würde sie sich einfach fallen lassen wie eine Flocke. Vom Stuhl vielleicht oder gleich aus dem Fenster hinaus, da konnte man endlich schmelzen und vergehen. Der dünne Lebensfaden drohte zu reißen in diesem elenden Moment. »Was?«, würde Greta rufen, und ihre Worte klangen wie die Orgel, auf ganz laut gestellt: »Das Leben ist wunderschön, ein Geschenk. Hör die Orgel, klingt das nicht wunderbar? Im Garten ist das Leben ein Paradies. Bald hast du es wieder. Der Winter geht vorbei.« Tagelang zehrte sie von diesem musikalischen Ausflug.

Marie musste sich beschäftigen, irgendwie ablenken. So streichelte sie mit der Zeigefingerkuppe nun die verhasste Tapete. Zuerst spürte das Kind nur den Staub am Finger, pulte jedoch sanft und ausdauernd deren ödes

Papier, hatte alle Zeit der Welt und rieb die Tapete an einer Stelle nach Tagen in Grund und Boden. Drückte die nächsten zwei Wochen an anderer Stelle sanft mit dem Finger, bis die Tapete dem Druck nachgeben musste. Vielleicht schaffte sie sogar ein kleines Loch und noch eins daneben, womöglich später einen Tunnel, also einen Ausweg, in die Freiheit! Wenn sie nur ausdauernd blieb. Sie bewegte sich, schaffte es in nur zwei Wochen, ein Loch zu pulen, das so tief war wie ein Drittel ihrer Zeigefingerspitze, dann aber stieß sie auf etwas derart Hartes, dass sie noch so kratzen und streicheln konnte, es gab nicht nach, sie war auf Backstein oder Beton gestoßen. So versuchte sie eine zweite Bohrung, Zentimeter neben der ersten. Zwei Löcher nebeneinander kamen ihr vor wie Augenpaare und waren willkommen. Der Blick eines Stummen ohne Gesicht und Haare, aber doch ein Gegenüber. Sie arbeitete nun hastig an einem Mund. Viele Löcher hintereinander, die man verbinden könnte. Auf die Form achten, es musste ein Lächeln werden, unbedingt die Mundwinkel nach oben. Endlich hatte sie ein Ziel.

Mutter: »Haben wir schon ein Radio reingestellt?«

Vater: »Ich glaub schon.«

Sie hätte schreien können vor Wut: Nein, habt ihr nicht!

»Die Batterien waren leer.«

»Dann kauf welche!«

Marie härtete sich ab: Essen kommt, oder Essen kommt nicht, egal. Besuch kommt, oder Besuch kommt nicht, egal. Sie war Meisterin der Gewöhnung an alles Mögliche geworden. Sich gewöhnen kann jeder, man musste es bloß geschehen lassen. Nur eines gab es, an das sie sich nie würde gewöhnen können – an diese grauenhaften Spinnen, die in ihr Zimmer eingedrungen waren und ihr zu nah kamen. Wie aus dem Nichts krabbelte ein besonders fettes schwarzes Exemplar die Wand entlang, dann an der Decke kopfüber, kam näher, entfernte sich, änderte die Richtung. Man konnte ja nicht wissen, wann dieses Vieh von der Decke fällt, allein die Vorstellung war derart widerlich, dass man daran verzweifeln musste. Marie durfte sie auf keinen Fall aus den Augen verlieren, obgleich es sie ekelte, sie anzusehen.

Eine Spinne beißt nicht, versicherte der Vater, aber das beruhigte sie nicht. Sie könnte auf sie zukommen, ihren Körper berühren, ihr in die Haare geraten oder sogar in die Ohren krabbeln. Kalter Schauer, Würgereiz, alle Angst der Welt war in diesem Vieh gebündelt. Solch eine Spinne durfte Marie hassen, durfte sie zur Hölle wünschen. Könnte sie erschlagen, falls es nötig wäre. Das ist der Sinn ihres Ekels, jede Angst in der Spinne zu sehen, sie vernichten zu dürfen. Sie meiden zu können. Dann hatte man eine Art Blitzableiter für den Ekel, den man gegen andere hat, etwa gegen einen Vater, der nichts für sein Kind tat. Ein Staubsauger wäre in dieser Lage auch die Rettung, dazu jemand, der ihn bedienen konnte. Hier war aber niemand, nur die Spinne und sie. Eine Spinne zu fürchten war allemal leichter, als dem Schweiger aus dem Weg zu gehen. Genauso angeekelt hätte sie reagieren müssen, als seine schwarzen Finger in ihre Richtung krabbelten, fünf haarige Greifer, die sie packten. In diesen Momenten hätte sie schreien müssen, den

Schweiger zertreten wie ein fieses Insekt. Mit einem Staubsauger ins Jenseits befördern. Das Ausmaß ihres Ekels kam erst zum Vorschein, als sich die krabbelnde Spinne zeigte. Bei deren Anblick durfte Marie endlich schreien wie am Spieß. Sie bibberte und bettelte, bis jemand das Untier killte.

Auch eine Maus ließ sich in der Tapetenhölle blicken. Marie war entzückt, lockte sie an, machte sich vertraut, hortete am Mittagstisch Krümel und Käsereste und fütterte die neue Freundin damit zahm. So putzig war das Tierchen, weich und zart, würde sicher bald Männchen machen und erste Mäuseworte sprechen. Marie reckte sich zur Sonne, wenn deren Strahlen ihr Bettchen erreichten. Sie hatte inzwischen zig Löcher in die Wand gepult und auf diese Art Augen, Nase und lächelnde Münder gestaltet, die sie nun täglich grüßten. Hoffnung keimte auf, dass das Leben schöner würde. Tage später wurde die Maus in einer Falle gefangen, die ihre Mutter ausgelegt hatte. Das Morden schien ihr nichts auszumachen. Auch in der Metzgerei wurde das täglich praktiziert, ohne mit der Wimper zu zucken. Schweine, Rinder, auch süße Häschen wurden ohne Fell verkauft. Dort hatte die Mutter eine seltsame Geschichte aufgeschnappt, die sie dem Kind erzählte: »Frau Rotter hat gelesen, da ist ein Mann von einer Kuh erschlagen worden.«

Marie schaute sie müde an.

»Die ganze Kuh flog durch die Luft und dann auf ihn drauf. Hat ihn plattgemacht, war sofort tot, klar.«

»Kühe können fliegen?«

Die Bäuerin nickte: »Die Polizei stand vor einem Rätsel. Getroffen wurde ein Bauer aus Sibirien. Ich kenne diesen Menschen natürlich nicht, aber Frau Rotter kennt einen, der den kannte. Sein Leichnam jedenfalls lag in der Steppe unter der toten Kuh. Die ist bei dem Zusammenstoß natürlich auch gestorben. Die Frage ist: Woher kam die Kuh geflogen?«

Marie schaute sie fragend an.

»Ein russisches Frachtflugzeug hatte fünfzig Kühe geladen, also lebendig. Die waren auf dem Transport unruhig geworden, haben sich losgerissen, tobten im Laderaum herum. Das Flugzeug kam davon in Schieflage. Der Pilot musste was tun, damit sie nicht abstürzen, da hat er die Ladeluke geöffnet und alle Tiere einfach rausfallen lassen. Fertig! Die flogen runter, wie Fallschirmspringer, nur ohne Fallschirm. Pilot und Flugzeug waren gerettet, Tiere tot. Eine Kuh direkt drauf auf den Bauern, der da unten in der Steppe stand.«

Marie konnte dieser Geschichte längst nicht mehr folgen, die Mutter erzählte sie sich selbst: »Das musst du dir mal vorstellen, Todesursache: Von einer Kuh erschlagen! Stell dir vor, die Witwe muss ständig erklären, woran ihr Mann gestorben ist, das fragen doch immer alle. Und dann das – an ner Kuh!«

Sie hatte sich gut unterhalten, hat die Geschichte der Pfarrerin weitererzählt, doch die mochte sie nicht. Stattdessen erinnerte sie die Mutter bei dieser Gelegenheit, dass ihr Jüngstes immer noch nicht getauft war: »Wie gehts denn Marie?«

»Joo«, antwortete die Mutter. »Geht.«

Nun also tatsächlich Taufe. Ein Segen sollte es sein, der liebe Gott freute sich über die Kinder. Ach nee, wo war er denn die ganze Zeit gewesen? Hätte mal den Tod einer Maus verhindern können oder die Kuh retten. Sie holten Marie aus dem Gitterbett, schrubbten sie in der Wanne, zogen ihr ein Kleidchen an. Die Kleine ängstigte das Getue um ihre Person, erst zu leise, nun zu laut. Es ging in den Himmel, da oben würde es auf jeden Fall besser riechen. Die Pfarrerin musterte das Kind: »Marie ist so dünn geworden und so leise. Was hat sie denn?«

»Üblen Durchfall gehabt, drum!«, logen die Eltern.

Die Pfarrerin blieb besorgt, Marie wurde in die Kirche gebracht, schnupperte und legte alarmiert die Stirn in Falten. Was lag denn hier für ein Gestank in der Luft, das war ja schlimmer als ihr schmutziges Bett, ekliger als die Tapetenhölle. Verwundert hielt sie sich die Nase zu, die Mutter fand das unangebracht, nahm Maries Arm runter, doch die hielt den Gestank nicht aus und hielt sich die Nase mit der anderen Hand zu: »Stinkt!« Mutter riss ihr erneut den Arm runter, Marie fing an zu weinen. Beinahe hätte sie eine gewischt bekommen, die Mutter konnte sich gerade noch bremsen. Man war ja in der Kirche, Marie sollte gesegnet werden, da passte keine Backpfeife ins Zeremoniell. »Wollt ihr euer Kind als Gottes Geschenk annehmen? Wollt ihr eurem Kind helfen, im Glauben an Gott Kraft für das Leben zu finden, so antwortet: Ja, mit Gottes Hilfe.«

Eltern und Paten antworteten: »Ja, mit Gottes Hilfe.« Wer waren überhaupt diese Paten, fragte sich Marie, sie hatte diese Leute noch nie gesehen. Die hatten eine

Kerze für sie – was sollte sie damit? Marie wurde mit Wasser beträufelt und gehörte nun der protestantischen Gemeinde an. Danach gab es enorme Mengen zu mampfen, Masse war hier angesagter als gut essen.

Bald sei Ostern, hatte man in der Kirche erzählt, Marie kannte den Anlass dieses Festes nicht. Ein paar Wortfetzen erhaschte sie, etwas Schreckliches musste geschehen sein. Man hatte einen Unschuldigen getötet, mit rostigen Nägeln gefoltert, ihn vorher nackt gemacht, nur einen Fetzen um den Schniedel gelassen. Gewalt war hier Sitte, das hätte dieser Jesus wissen müssen. Sie hätte ihn warnen können, aber sie fragte ja keiner. An Ostern jedoch sollte alles wieder gut sein, der Getötete wird wieder lebendig. Das konnten sie dummen Leuten erzählen, sie wusste, dass Tod das Ende des Lebens ist.

Wo um alles in der Welt war Greta? Die ganze Zeit nicht gesehen. Jetzt erst wagte Marie diese Frage nach der liebsten Person, die sie hatte. War sie nicht eingeladen worden zum Fest? Ging nicht in den Gottesdienst? Sie hatte ja Paten, vielleicht wussten die es? Marie fragte nach, die kannten Greta nicht mal. Marie heulte auf: »Euch kenne ich auch nicht.« Irritiert ging sie zur Pfarrerin, die nahm sie ernst: »Greta hat es nicht so mit der Kirche. Sie glaubt nicht an Gott.«

»Wenns Greta nicht glaubt, glaube ich's auch nicht.«

»Willst du den lieben Gott nicht erst mal kennenlernen?« Die Pfarrerin musste lächeln. »Du bist gerade eben erst getauft worden.«

Marie dachte nach. In der Tapetenhölle war er sicher nicht gewesen, das hätte sie bemerkt.

Kurz darauf steckte sie wieder drin. Alles wieder leise,

ein klarer Beweis, dass es keinen Gott gab. Frage erledigt.

Vater an Mutter: »Stell doch mal ein Radio ins Zimmer.«

»Haben wir überhaupt eins?«

9

Sie haben es dann noch auf die Reihe gekriegt: Der Frühling kam und mit ihm ein uraltes Radio, das kratzig klang, groß wie eine Truhe. Es konnte nur mit Mühe den Sender halten, musste ständig nachjustiert werden. Marie machte sich mit dem Ding vertraut. Es gab so viele Sender auf der Welt, aber nur bei zweien hatte sie einigermaßen guten Empfang. Börsenkurse, Koalition, Interviews. Sie konnte kaum etwas verstehen, hörte aber tapfer zu. Da gab es einen Mann, der von Musik sprach, und eine Frau am Morgen, die sich mit Leuten anlegte, wenn die nicht die Wahrheit sagen wollten. Das gefiel Marie, Radiofrau möchte sie werden, wenn sie groß ist. Ihre Mutter wollte davon nichts hören: »Schlag dir das aus dem Kopf. Ein Bauernmädchen aus Südniedersachsen macht so was nicht.«

»Ich will aber.«

»Da muss man studieren, dafür braucht man Abitur.«

»Mach ich alles.«

»Studieren und Radio machen andere Leute, nicht wir.«

Marie wunderte sich. Die Mutter hatte bloß Angst, ihre Tochter würde sich versprechen. Marie hatte keine Angst, sie ließ sich ihre Pläne nicht ausreden. Sie studierte die Buchstaben auf dem Radio. Marie fragte ihre Mutter: »Was ist das?«

»Da steht Hilversum, Monte Carlo, Dutzende andere Orte. Hilversum ist in Holland, in Monte Carlo gibt es einen Fürsten.«

Das machte Eindruck auf Marie, die lauschte ihrer Mutter, als sie die Geschichte der Grimaldi berichtete. Gehört und gelesen hatte sie die in den Wartezimmern ihrer Ärzte samt bunten Bilder.

Marie übte mit der Frau vom Morgenprogramm, sprach deren Sätze nach, die sie nicht verstand, lernte Politiker kennen, die sie nicht kannte. Sie wusste nicht mal, was solche Leute taten. Der andere Sender, den sie empfangen konnte, spielte Jazz. Noch nie hatte Marie so etwas gehört. Ihre Mutter hielt sich die Ohren zu. Das klang wie das Gegenteil von *Backe, backe Kuchen*! Das Ungezogene daran zog sie an, diese Weigerung, es allen recht zu machen, so klang diese Musik. Ihre Mutter wollte ständig einen anderen Sender suchen, einen mit Blasmusik, aber es gab keinen anderen Empfang, drum wurde weiter Jazz gehört. Die Trompete wurde Maries Lieblingsinstrument. Die Mutter teilte ihre Leidenschaft: »Aber was sie blasen, das ist schrecklich.«

Marie wusste nicht, was eine Trompete war, wie sie aussah, dass man sie blasen musste. Sie hörte einzig diesen Klang, metallisch, hell, in der Tiefe auch dunkel, intensiv. Diese Musik strahlte wie die Sonne, die sich endlich durchsetzte, leuchtend und kraftvoll. Sie stellte das Radio auf laut. Die Musik hatte den Schnee schmelzen lassen. Die Sonne strahlte, trocknete die Pfützen, der Swing berührte das Gras.

Wie im Vorjahr stellten sie das Kind nun in Gretas Garten, nachts war es kalt, aber tagsüber bereits ungewöhnlich warm, Hoch Michael sorgte dafür, dass die Sonne den Garten wärmte. Zum Glück, denn um Ostern setzte man im Dorf die Kinder generell an die frische Luft, egal bei welchem Wetter. Keiner passte das Geschehen dem Wetter an, man ging stur nach dem Kalender. Für das Kleine war das erneut eine krasse Veränderung, wieder in dieses alberne Ställchen, obwohl es längst zu groß dafür war.

Vorsichtig atmete Marie die frische Luft, ihr Brustkorb wurde von innen spürbar gereizt. Saubere Luft, lange nicht gehabt. Hier draußen gab es massenhaft Sauerstoff, das häufigste Element in der Erdkruste. Das wusste Marie noch nicht, würde es aber später lernen. Vieles wird sie wissen wollen und eines Tages sogar erforschen, weshalb es daheim und in der Kirche so muffig gestunken hat.

In Maries Reichweite waren fünf Osternester aus frischem Moos aufgestellt, darin lagen gefärbte Eier und Süßigkeiten. Sie waren für die Kinder parat gelegt, die Brüder schliefen wohl noch. Für Maries matte Augen war das alles zu viel, selbst die paar Eier zu bunt, zu schön, um wahr zu sein. Sie hatte sich an die Ödnis gewöhnt, nun schmerzten die Farben, die Fülle der Angebote und Flut von Reizen überforderte sie. Die Eier konnte sie nicht anrühren, weil sie es nicht schaffte, ihre Hände aus den Fäustlingen zu holen. Konnte darum die Schokolade aus ihrem Nest nicht versuchen, konnte sich ja nicht mal mehr allein anziehen, hatte im Winter alles verlernt. Der Garten schien ihr zu groß geraten, sie vermisste ihre Tapeten, ihre Baustelle mit den gebohrten Löchern, ihre tägliche Routine. Sogar Hornhaut hatte sie auf den Zeigefingerkuppen bekommen. Konnte kaum glauben, dass sie im Garten war, nach all der Entbehrung hatte sie nun zu viel von allem, Gerüche, Geräusche, Temperatur. Nun sollte alles wieder so sein wie früher? Warum musste sie hier ganz allein hocken, von Kälte und Schokohasen umgeben?

»Greta?!«

Um die Tapetenluft zu überleben, hatte sie nicht an Greta denken dürfen. Doch nun kam die Sehnsucht umso härter zurück, die Deiche öffneten sich und Marie plärrte, wie sie noch nie geplärrt hatte: »Gretaaaaa! Greeeeta!«

Sie schrie wie eine Verrückte, heulte Rotz und Wasser.

»Gretaaaaa! Greeeeta!« Sie schrie sich im wahrsten Sinn des Wortes die Seele aus dem Leib. Bald gebrochener, kraftlos: »Gretaaaaa! Greeeeta!«

Endlich zeigte sich Greta am Fenster, sah ihr Mädchen mutterseelenallein zwischen fünf Osternestern sitzen. Rasch füllte sie eine Tasse mit warmem Kakao, zog sich eine Jacke über und ging hinaus, das Getränk schwappte über, als sie in die Hocke ging. Sie hielt dem Kind die halbe Tasse hin, doch statt sich zu freuen, schlug Marie ihr das Getränk wild fuchtelnd aus der Hand. Die Tante war überhaupt nicht ungehalten wegen des Malheurs, sie ging ins Haus, kam mit gefüllter Tasse zurück, hielt sie Marie hin, sie nippte nun kleine Schlucke, das tat so gut! Warm, satt und erschöpft senkte sich Maries Kopf in Gretas Handfläche. Beide weinten.

Marie hätte sich gern für den Kakao bedankt, wusste aber nicht, welche Worte sie wählen sollte, sie hatte ja kaum welche parat. Zwar hatte sie im Winter viele Worte im Radio gehört, leider hat ihr Sender aber ständig vor sich hin gebrabbelt. So einen Gesprächspartner will man eigentlich nicht haben: *Vor allem der Antagonismus von Arbeit und Kapital beschäftigte ihn, die elende Realität der Produktion. Schon und noch zu seiner Zeit herrschte Ausbeutung – trotz der gründlichen Revolution in Frankreich.* Und so weiter und so weiter.

Sie ahnte ja nicht mal, dass sie eine Muttersprache haben würde, wer wusste das schon als Kleinkind. Ausgerechnet Deutsch wird es bei ihr werden! Man stelle sich vor, Marie könnte ihre Sprache aus dem großen Angebot wählen wie aus einer Speisekarte. Sie hätte sicher das unverständliche Norwegisch genommen oder das weich klingende Italienisch. Hinsichtlich Ort und Zeit ihrer Menschwerdung hatte Marie auf ganzer Linie die Arschkarte gezogen: Deutschland, schlechtes Wetter, Nazis, Schäferhund, Knödel und Sauerkraut.

Doch nun war die wunderbare Greta wieder da und reagierte auf ihre Anwesenheit. Sie sprach mit ihr, sah sie an. Marie griff dankbar ihren Daumen und ließ ihn nicht mehr los. Gerührt flüsterte Greta: »Tse, tse, du kleines Balg.« Sie behielt Marie auf dem Arm und zog das Ställchen über den Rasen in das noch schwache Sonnenlicht, setzte das Kind wieder hinein, gab ihm noch einen Schluck Kakao und verließ den Garten, drehte sich am Zaun noch mal um und lächelte. Winkte ihr zu – endlich raus aus dem Winter, jetzt konnte Marie nichts mehr geschehen.

10

Endlich war Ostern, der Schweiger hatte es kaum noch erwarten können. Er hatte schon am Gründonnerstag hinter der Hecke gestanden und gehofft, dass das Kleine bald in den Garten gesetzt wird. Er wollte Marie auch an Karfreitag nichts Böses, sondern sie bloß beschnuppern. Vielleicht am Ostersamstag ein klein wenig an ihr lecken. Der Druck, an dem Kleinen zu fingern, war mächtig, bloß ganz vorsichtig das Höschen herunterzuziehen und das Pobäckchen zu packen. Sein lausiges Leben fühlte sich mies an, aber ein solches Kind änderte alles. Es gab ja nichts Süßeres als diesen Geruch von kleinen Menschen, Wärme gepaart mit Hautcreme und vollgemachten Windeln. Später, wenn sie in Maries Alter waren, rochen sie holzig, mit Spuren von süßem Schweiß. Ja, wahrhaftig, wenn man die am Hals leckte oder anderswo, schmeckte man diese Süße deutlich, wie feinste Schokolade. Das Ställchen stand bereits im Garten, aber das Kind saß nicht drin. Es war inzwischen zu groß dafür, könnte längst in den Kindergarten gehen, wo ein Schweiger Hausverbot hat. Wieso ging das Mariechen nicht dorthin? Passte hier im Garten immer noch die Gärtnerin auf? Weit und breit nicht zu sehen, das Kleine war leichte Beute – jetzt oder nie.

Der Schweiger wagte sich aus der Deckung und sah das Mädchen hinter den Obstbäumen spielen. Es war noch reizender als sonst, die kleinen roten Lackschuhe, die es zur Feier des Tages trug, machten ihn verrückt. Er hob Marie hoch, hielt ihr den Mund zu, falls sie schreien sollte, und schleppte sie mit in seine kühle Werkstatt, in der es nach Schmiere, Holz und Teer roch. Erst hier nahm er ihr die Hand vom Mund, Marie schnappte nach Luft, wieder mal wäre sie fast erstickt. Sie spürte die Gefahr, verhielt sich äußerst geschmeidig. Atmete flach, sagte keinen Ton. Jetzt sollte sie unbedingt stillhalten und sich alles gefallen lassen, das spürte sie genau.

Greta war inzwischen in großer Sorge, nur kurz hatte sie das Kleine allein gelassen, schon war es passiert. Sie rief Maries Namen, lief ins Feld, rannte in die Bäckerei, aber auch dort war sie nicht gewesen. Die Tante wollte sich beruhigen, das Kind wird die Gegend erkunden, sie selbst hatte das von klein auf auch getan. Hier gab es keinen Straßenverkehr, dem Kind wird gewiss nichts zugestoßen sein.

Unterdessen setzte der Schweiger Marie auf seine Werkbank, griff ihre Schultern mit beiden Händen, als halte er ein Buch vor sich, das von Marie erzählte. Leckte jeden Buchstaben, griff in jede Zeile ein, schnupperte am Papier. Das Mädchen war für einen kurzen Moment tapfer, es kratzte ihn, mutig wie eine Katze, sehr schnell mit den Fingernägeln im Gesicht, er blutete sogar ein wenig. Da holte der Schweiger aus und knallte ihr eine mit voller Wucht. Marie rang nach Luft, konnte vor Schreck nicht schreien. Sie spürte deutlich, dass der Mann sie sogar totmachen könnte, ließ darum alles geschehen.

Die schlappe Hose des Mannes hing an Hosenträgern mit Gummizug. Er zog sie einfach runter und klemmte seine Eier dahinter, Unterhosen trug er keine. Nun schaukelte er Marie, drückte sie an seinen ölverschmierten Blaumann, tapsig wie ein Orang-Utan, breit und gefährlich. Machte auch ähnliche Geräusche und ließ Schmatzer hören, wie Hunde sie machen, wenn sie hastig feuchtes Futter fressen.

Da sprang ihn wie aus dem Nichts eine Furie an. Greta entriss ihm seine Beute, blitzschnell packte sie den wilden Affen mit einer Hand am Hals und drückte zu, hatte gekonnt beide Halsschlagadern erwischt, damit nahm sie ihn in die Zange, den Mittelfinger an der einen Seite des Halses, den Daumen an der anderen. Greta unterbrach auf diese Art die Blutzufuhr zum Hirn komplett. Der Mann zuckte, seine Augen verdrehten sich, die Beine schlotterten. Greta ließ ihn nicht vom Haken, ihr Beschützerinstinkt war übermächtig, jeder Skrupel verschwunden. Ihr Opfer wurde schwer und sank langsam zu Boden. Sauerstoff gab es genug auf der Welt, aber nicht mehr für den Schweiger. Der hatte endgültig ausgeatmet.

Marie hatte alles mit angesehen. Der Kampf war vorbei, Greta wird ihn gewonnen haben. Jetzt sollte der Mann zur Strafe ein wenig herumliegen, vielleicht kurz ausruhen oder sich Gedanken machen über seine Schlechtigkeit. Und wenn er wieder aufstand, würde man ihm erklären müssen, dass er keine kleinen Mädchen entführen darf und dass Hosenträger zu tragen eklig ist.

Die Sonne machte sich bereit, den Tag zu erwärmen, ansonsten regte sich nichts in der Werkstatt. Greta musste sich sputen, sie hievte den Mann auf die Schubkarre, bedeckte ihn mit einer Pferdedecke und ließ ihn erst mal dort. Nahm Marie auf den Arm und brachte das Kind so schnell wie möglich in den Garten, setzte es ins Ställchen, streichelte es: »Ich komme gleich wieder!« Es kann ihr nichts mehr geschehen, hoffte Greta, zweimal geschieht einem so was nicht. Und fort war sie.

Voller Sorge, gesehen zu werden, nahm sie die Schubkarre und balancierte ihre Fracht bis zu ihrem Grundstück. Mit letzter Kraft schob sie den Schweiger neben die Stauden, stöhnte vor Anstrengung auf, sank auf ihre Bank, schwitzte Blut und Wasser, zitterte. Hinsetzen, kurze Pause, Marie holen. Dann ging sie durch den Garten, durchatmen, machte ihre übliche Runde, streichelte die Dornen, strich über Brennnesseln.

Sie hatte einen Menschen getötet. So widerwärtig der Schweiger auch war, war er doch ein Mensch gewesen. Greta spürte, wie die Strapazen und die Schuld, die sie auf sich geladen hatte, ihr Gehör verschlossen, als würde der Ton in ihrem Leben leiser gedreht. Alles schwieg, so kam es ihr vor. Die Ameisen, die Bienen und Tannen, die Regenwürmer, der Wind. Alle gedachten wohl dem Ermordeten, möge er in Unfrieden zur Hölle fahren. So stellte es sich Greta vor und zitterte weiter. Durfte man das einer Seele antun? Sie hob die Decke etwas an, sah sein Gesicht. Der Mund grinste noch, die Augen nicht mehr, die schauten nach sehr weit hinten. Ihr graute es bei diesem Anblick, sie war eine Totschlägerin.

Ein Vogel flatterte herbei und ließ sich vor der Leiche nieder. Schaute um sich, erkannte keine Gefahr, zog seelenruhig einen winzigen Wurm aus der Erde, verspeiste ihn genüsslich und flog satt davon. Der Schweiger schwieg, Marie pupste, die Kirchenglocken bimmelten. Der Tag an sich war derselbe geblieben, Ostersonntag. Gleich riefen sie in den Kirchen: *»Der Herr ist auferstanden, er ist wahrhaftig auferstanden!«* Gut und schön, dachte Greta. Jesus lebt. Der Schweiger bleibt tot, das war so sicher wie das Amen in der Kirche.

In diesem Moment näherten sich die Stimmen von Maries Eltern und Brüdern, die das Kleine zum Kirchgang abholen wollten. Marie ging ihnen entgegen, Greta stammelte, man sehe sich nach dem Gottesdienst im Garten. Als alle fort waren, versteckte sie den Leichnam eilig hinter dem Kompost, von der Pferdedecke und allerlei anderem Gerümpel verborgen. Anschließend machte sie sich rasch für das Osterpicknick fertig. Keine drei Meter von der Leiche entfernt naschte später die Familie die Süßigkeiten aus ihren Osternestern, man wünschte sich allerseits ein frohes Fest. Die Brüder und der Vater gingen danach zum Stammtisch, die Mutter gönnte sich ein Nickerchen, Marie blieb bei Greta im Garten.

Endlich war die Luft rein. Wohin mit der Leiche? Ganz einfach: Greta tat nun, was sie so häufig tat, nahm einen Spaten und grub ein Loch im Garten, diesmal allerdings sehr hastig und viel tiefer. Verdächtig war das schon, wer arbeitete am Ostersonntag im Garten, das gehörte sich nicht. Von der Straße aus konnte man nichts sehen, die Ligusterhecke war blickdicht, aber es könnte überraschend jemand in den Garten kommen. Greta arbeitete so schnell es eben ging, blickte sich oft ängstlich um. Anders als sonst legte sie auch keine einzige Pause ein. Je tiefer sie kam, desto härter war die Erde und desto anstrengender wurde es. Anfangs hatte Marie noch aufmerksam zugeschaut, immer hin und her, die Schippe im Blick, doch langsam lullte diese Bewegung sie ein.

Als sie aufwachte, war Greta fertig und bepflanzte gerade das neue Beet mit Vergissmeinnicht. Die Farbe Blau passte gut zum Schweiger, fand Marie. Er hatte immer einen Blaumann getragen und blau war er oft gewesen, blau wird er geschmückt bleiben, auch wenn der Erdboden ihn längst verdaut hat. Das Kleine konnte sich vorstellen, dass der Schweiger alle Mühe hätte, aus so einem tiefen Beet wieder herauszukrabbeln. Von nun an wird er Erdkrumen in der Nase und in den Ohren haben. Wohl auch Klumpen im Hals. Auf ihm lag viel Erde, die wog schwer, da kam nicht mal ein fleißiger Schäferhund dran. Der Schweiger war sorgfältig weggeräumt.

Der Tod schien Greta erst jetzt auf den Magen zu schlagen. Stundenlang hatte sie fleißig gearbeitet, nun aber würgte der Ekel alles nach oben, sie sprang auf, wollte schnellstens ins Bad, schaffte es aber nicht mehr, krümmte sich an der Treppe zu ihrer Haustür, hielt sich am Geländer fest, würgte wieder und noch mal, bis nichts mehr herauskam als grün schäumende Blasen. Erschöpft ging sie ins Haus und blieb dort eine ganze Weile. Marie füllte einen kleinen Sandkasteneimer mit Wasser und wusch die Stufen sauber. Später teilten sich beide eine Flasche Kirschschorle und schwiegen. Greta nahm Marie schließlich auf den Arm und streichelte ihren Kopf: »Die kleine Pflanze Vergissmeinnicht soll Gott gebeten haben, sie nicht zu vergessen. Daher hat sie diesen Namen. So eine kleine Blüte kann man leicht übersehen. Dieses Beet darfst du nicht vergessen, die Blumen werden dich daran erinnern. Niemand darf hier tiefer graben. Wenn ich mal keine Zeit habe oder fort bin, passt du darauf auf, ja?«

Marie nickte: »Hier nicht graben!«

»Der Schweiger war böse zu dir, jetzt ist er kaputt, *ich* habe ihn kaputt gemacht. Er kann dir nie wieder etwas antun. Ihn sollst du vergessen, wenn du kannst, schaffst du das?«

»Vergessen.«

»Ich vergesse ihn auch.«

Nachts aber schlief Greta schlecht. Träumte, sie läge auf einem blanken kalten Boden. Streckte die Arme aus, nur etwa einen Meter hoch war dieser Raum, unter ihr waren Bretter und Beton. Darauf krümelte etwas. Auf allen vieren krabbelte sie ängstlich vorwärts, die Hand suchte, doch ging ins Leere. Konnte sie fallen? Weiter, hoffentlich stieß sie sich nicht den Kopf an, Meter um Meter voran, stürzte nicht ab, Gott sei Dank, endlich war die Wand erreicht. Auf dem Boden dieses Raumes schien gar nichts zu sein, aber sie hatte noch nicht alles erkundet. Sie tastete sich vor und zurück. Es war ein leerer Schacht, stockdunkel, kein Grün, kein Geruch, nichts. Wenn man hier nicht verhungern und verdursten konnte, Brot und Wasser weder bräuchte noch bekäme und immer hier sein müsste, fühlend, im Dunkeln kriechend, so wäre das ewige Leben schlimmer als alles, was sie sich unter einer Hölle vorstellen konnte. Ewiges Nichts bei vollem Bewusstsein – das wäre wohl die gerechte Strafe für den Schweiger.

Tief in der Nacht stand Greta nun auf und zog sich an. Das Herz lag ihr schwer im Brustkorb, wie ein Wackerstein. Sie musste raus aus dem Schlafzimmer, hinein in die Frische, wo der gute Uhu ein Auge auf sie hatte. Sie schlafwandelte nicht, sondern sehnte sich einfach nach guter Gesellschaft. Die Nachtluft war angenehm, beinahe warm. Um diese Zeit war sie sicherlich ganz allein. Selbst wenn hier ein Fuchs lief, dann von ihr fort statt auf sie zu. Und endlich, im Gebüsch leuchtete es auf, in langsamer Bewegung, bald hundert Pünktchen, die links oder rechts von ihr auf und nieder schwebten, manche blinkten gleißend hell, andere grünlich. Ihre Leuchtsignale blinkten synchron, schwebten durch Busch- und Baumreihen, immer im gleichen Takt durch die Dunkelheit. Mittendrin im Glühwürmchenschwarm stand Greta und genoss diesen Zauber. Sie antwortete auf die Flirtsignale eines der Männchen, machte sich winzig klein und ließ sich schließlich mit ihm ein. Dessen Hintern leuchtete nur für sie, sie gründeten tatsächlich eine Familie, obwohl Greta bei Gott einen anderen Genpool hatte. Es war durchaus üblich, dass das Weibchen danach das Männchen fraß. Das wollte Greta sicher nicht tun, sie hatte schon genug getötet an diesem Tag. Das Naturliebesspiel hatte sie belebt und erleichtert. Greta fühlte sich beinahe frei von Sorgen.

Am Morgen stand sie neben dem Gewächshaus und betrachtete Marie, die in aller Herrgottsfrühe aufgestanden war und im Schlafanzug im Garten herumlief. Das Kind hatte zusehen müssen, wie ein Mensch ermordet wurde. Es streckte sich nun nach seinem Lieblingsmenschen aus, wie eine Hungernde, um Brot des Lebens bettelnd. Ausgerechnet bei der, die hat töten müssen. Greta ging zu ihr, umarmte sie, drückte ihre Hand, streichelte die Wangen, kratzte sie mit ihrer rissigen Hand, dass es eine Freude war. Summte etwas. Marie aber hörte kaum zu, spürte momentan kaum etwas. Noch länger als ihre Tante würde Marie vom Schweiger verfolgt werden. In zukünftigen schlaflosen Nächten wird er sich melden, ganz egal, dass er längst tot ist.

Greta holte zwei Sitzkissen, legte sie auf die kühle Gartenbank, nahm mit Marie Platz, griff ihre Hand und weinte still. Marie stutzte – sie war also zum Heulen! Gleichwohl stimmte sie ein, weinte mit Greta im Duett, ganz leise, mit vielen dicken Tränen. Nach etwa einer halben Stunde ging es dem Mädchen besser. Greta trocknete ihre eigenen Tränen und die des Kindes.

»Ich will in die Gruppe von der Pfarrerin«, sagte das Kleine leise.

»Ich melde dich an.«

»Mama ist dagegen.«

»Ich rede mit ihr, mach dir keine Gedanken.«

11

Der Bäcker liebte seine Backstube. Seit Jahrzehnten verkaufte er das Pfund Brot einen Tick leichter, sparte so etwa fünfzehn Gramm pro Brot, nicht der Rede wert. Aber es summierte sich, und diese kleinen Mogeleien machten ihn klammheimlich froh. Er behielt den Gewinn auch nicht für sich, sondern gab ihn an Menschen weiter, die das Geld gebrauchen konnten.

In Begleitung seiner Frau kam er deshalb eines Tages in Gretas Haus und ließ dem Kind und der Tante einen Haufen Gebäck da. Sie lachten viel, Marie lehnte den Kopf an den weichen Busen der Frau und futterte sich zugleich an Mürbeteigplätzchen satt. Marie hätte zu gern solche Eltern gehabt, die ihr Kind nährten, es in den Arm nahmen, drückten und küssten. Mal Pause machten, im Garten saßen, Witze erzählten. Solche, die ihrem Kind einen Fußball kauften oder es mit einem Wochenendausflug überraschten: Picknick im Park, eine Burg in einer fremden Stadt besichtigen, ein Schwimmbad besuchen, ach, ein einziges Mal mit einer richtig hohen Achterbahn fahren, das wäre der Wahnsinn! Ihre Eltern interessierten sich nicht dafür. Der Bäcker und seine Frau hingegen würden sicher vieles unternehmen, aber sie hatten keine

Kinder. Darum blieben sie traurig daheim, denn ein Vergnügungspark ohne Kinderlachen war sinnlos. Sie könnten ja mich nehmen, dachte Marie, mich gleich adoptieren! Doch das ging ja nicht, die Eltern würden nicht zustimmen, denn dann gäbe es kein Kindergeld mehr.

Wie es wohl nach dieser langen Zeit unter den Vergissmeinnichtwurzeln aussah, im Grab des Schweigers? Daran musste Marie denken, während die netten Bäckersleute bei ihnen waren. Womöglich würden sie nie mehr zu Besuch kommen und leckeres Gebäck spendieren, wenn sie wüssten, dass Greta den Schweiger erwürgt hatte. Die Pfarrerin wäre sicher auch böse, wenn sie davon erfuhr, weil in der Bibel stand, du sollst nicht töten, nicht mal einen fiesen Schweiger. Aber es musste doch sein!

Marie sprach sehr gern mit der Pfarrerin darüber, ob es einen Himmel gab und eine Hölle. Mit den Eltern ging das nicht. Die Mutter erklärte ihr, sie seien zwar evangelisch, wollten jedoch nicht so viel mit Religion zu tun haben.

»Ich geh gern da hin!«

»Die Kirche ist kalt.«

»Die singen so schön und haben eine Orgel.«

Die Mutter meinte nun, es sei klug, ein alternatives Angebot zu machen: »Wir singen an deinem Geburtstag Lieder.«

Maries Augen weiteten sich: »Wir singen? Versprochen, ja?«

Die Eltern versprachen es. Marie war begeistert: »Was für Lieder?«

Die Mutter dachte nach, sie werde ein Liederbuch besorgen.

Die Wochen vergingen zäh, die Zeit zog sich hin, wenn man etwas Schönes erwartete. Mit der Zeit wurde Marie skeptisch: »Hast du ein Liederbuch gekauft?«, fragte sie nach. Sie kannte ihre Mutter. Die hatte es tatsächlich vergessen, öffnete jetzt ihre Geldbörse und zog einen kleinen Schein heraus: »Du bist ja schon groß, geh zu Frau Nehen in die Buchhandlung und kauf eins.« Marie freute sich, sie war dort noch nie gewesen.

Übermütig lief das Mädchen zum Buchladen, als es die Tür aufriss, donnerte diese gegen einen Regenschirmständer. Die Buchhändlerin nahm ihr das stürmische Temperament nicht übel, das Kind musste wohl unbedingt was loswerden: »Ich bekomme Lieder zum Geburtstag«, berichtete Marie ihr.

»Auf Kassette?«

»Meine Eltern wollen singen, nur für mich.«

»Schön.«

Marie druckste herum: »Wir haben aber daheim kein Liederbuch.«

Sie schaute sich die Buchhändlerin genauer an, ihr gefielen die rot geschminkten Lippen der Frau und ihre Perlenkette, die bestimmt sehr wertvoll war. Wer so viele Bücher hatte, musste reich sein, logisch. Irene Nehen kannte die Leser und Leserinnen in ihrem Umkreis. Ihr ganzes Berufsleben schon versorgte sie die Kundschaft mit passendem Lesestoff und ahnte schon, dass das Mädchen sehr wenig Geld dabeihätte. Sie nahm das Kind an die Hand, steuerte ein Regal an: »Schau, Marie. Das ist hier ein preiswertes Büchlein voller Lieder. Wenn du magst, singst du mir bei Gelegenheit ein Lied daraus vor.«

Glücklich verließ Marie das Geschäft, die Buchhändlerin schaute hinter ihr her. Die Mutter der Kleinen war eine Zeit lang verrückt gewesen nach Liebesromanen, ausgerechnet der Arzt hatte die bezahlt, natürlich ziemte es sich nicht, da etwas zu unterstellen. Das Geburtstagskind war nun auf alles vorbereitet, das Liederbuch lag parat, es kam der dreißigste April.

Als Marie früh am Morgen erwachte, waren Papa und Mama bereits fort. Es war bestes Wetter, das galt es auszunutzen, die Eltern waren in aller Herrgottsfrühe ins Feld gefahren. Auch die Brüder hasteten gerade davon, ohne sich um die Schwester oder Lieder zu kümmern. Nur Greta hatte selbstverständlich an sie gedacht, zündete für sie Kerzen an und sang. Marie hätte heulen wollen, aber die Traurigkeit steckte ihr wie ein Kloß im Hals. Vage erinnerte sie sich, dass es im Jahr davor nicht anders gewesen war.

Am Abend saßen alle miteinander am Tisch, aßen Brote und tranken Tee. Niemand erwähnte ihren Ehrentag. Bis Marie mutig verkündigte, dass man jetzt singen könne, das Buch läge bereit. Eine kleine Pause, endlich machte es klick.

»Ach Gott!«, stöhnte die Mutter. »Wir haben einfach zu viele Kinder, zu viel Arbeit! Komm, Kleines, ich drück dich mal! Wie die Zeit vergeht!«

Es tat gut, dass ihre Brüder sie trösten wollten. »Sorry, vergessen.«

Marie legte das Liederbuch auf den Tisch.

»Wollen wir singen? Das habe ich mir doch gewünscht.«

Alle schauten auf das winzige Buch.

Der Vater nahm es in die Hand und blätterte darin: »*In einen Harung*, das hab ich ja ewig nicht gesungen.«

Und sofort sang er los:

»In einen Harung, jung und schlank, zwo, drei, vier, ss-ta-ta, ti-ra-la-la
der auf dem Meeresgrunde schwamm zwo, drei, vier, ss-ta-ta, ti-ra-la-la
verliebte sich, o Wunder, ne olle Flunder, ne olle Flunder
verliebte sich, o Wunder, ne olle Flunder.«

Alle lachten, der Vater sang es etliche Male, bis die ganze Familie dieses alberne alte Lied mitsingen konnte. Marie hatte bekommen, was sie sich gewünscht hatte.

Greta hatte zwei gute Ernten gehabt, sie leistete sich nicht nur neue Geräte und Saatgut, sondern dazu beim Kaufmann ein Radio. Nun hörten beide täglich Musik, hörten Klavierspiel und Trompeten, Saxofon und herrliche Stimmen. Besonders erfreuten sich beide an den Hörspielen am Nachmittag. Tränen, Abenteuer, Ozean, Streit mit der Freundin, Krieg und Frieden. Von Fernsehen wollte Greta nichts wissen, Radio reichte aus.

Jeden Nachmittag um fünf lief dort etwas Rätselhaftes, das klang nicht wie sonst, man sprach, als seien die Buchstaben durcheinandergeraten oder die Zungen der Sprecher hätten einen Schaden. Gesang war das auch nicht, Marie wurde nicht schlau daraus. Man sprach oft von einem Ei, aber die Worte drum rum ergaben wenig Sinn, kein Radio wird ständig Sendungen über Eier bringen, nicht mal der Landfunk. Sie ließ nicht locker, hörte weiter aufmerksam zu und erahnte nach und nach eine andere Art, wie man sich unterhalten konnte.

»Das ist Englisch!«, erklärte ihr Greta lachend.

»Engelisch?«, fragte Marie staunend. »Die mit den Flügeln sprechen so?«

Greta musste noch mehr lachen.

Niemand hatte Marie bis zu diesem Zeitpunkt verraten, dass es Menschen gab, die eine andere Sprache benutzten als das deutsche Grollen. Marie wollte es ganz genau wissen: »Du hattest das nicht in der Schule?«

Greta schüttelte den Kopf: »Die hielten mich für unterentwickelt. In meiner Schule gab es kein Englisch. Und im Dorf ist bis heute kein einziger Ausländer aufgetaucht, der das spricht.«

»Kannst du das Engelische verstehen?«

»Nein, aber ich weiß, dass es das gibt.«

»Und wer spricht so?«

»Englische Menschen von auswärts und Amerikaner. Du wirst das bald in der Schule haben. Wer Englisch kann, kommt gut in der Welt zurecht!«

Marie fragte Greta: »Willst du in die Welt?«

Ihre Tante winkte ab: »Ich will einfach nur hier sein, in meinem Garten. Und du, willst du Englisch lernen?«

Das Kind nickte: »Aber ich will alle Sprachen können.«

Greta lächelte: »Dann kommt deine Einschulung ja gerade recht.«

Sie bastelte Marie eine Zuckertüte, geschmückt mit getrockneten Blütenblättern in allen Farben. Statt mit Zucker war sie mit bestem Obst aus dem eigenen Garten gefüllt. Nie hatte jemand aus dem Dorf eine so ungewöhnliche Zuckertüte gehabt. An ihrem ersten Tag brachte sie Marie zur Schule. Selbst an diesem großen Tag blieben die Eltern im Feld, sie hatten schon vier Buben in die Schule begleitet, da war es beim fünften Kind nichts Besonderes mehr, das überließen sie gern der Tante. Nun stand Greta eingeschüchtert und verloren auf dem Schulhof herum, die Beine gekreuzt, zupfte sie verlegen an ihrer Kleidung. Marie wunderte sich, wie ängstlich ihre Tante hier war. Noch im Klassenzimmer hielt Marie Greta fest und stützte sie. Fast führte das Kind die Erwachsene zur Schule statt umgekehrt. Marie wählte sich einen Platz in der Nähe der Tafel, direkt unter den Augen der Lehrperson. Tuschelnd warnte Greta: »Setz dich lieber in die letzte Reihe, da hast du deine Ruhe.«

»Ich will ja gar keine Ruhe.«

Von Beginn an war Marie eins mit der Schule, sog den Lernstoff ein, wie sie es als Baby mit der Milch getan hatte: alles auf einmal hinein, sie konnte gar nicht genug kriegen. Nach einem Jahr las sie einwandfrei und schrieb gut, rechnen war ein Spiel. Zusätzlich lernte sie aus dem Radio weiterhin Englisch, in der Grundschule war das noch kein Thema, sie musste sich gedulden. Auch die Presseschau hörte sie, verstand aber nichts. Lauschte den Börsenkursen, mit denen nicht einmal Greta etwas anzufangen wusste.

Bei Greta gab es frischen Kuchen und Suppe, keine streitenden Brüder, keine übel gelaunten Eltern, keine grelle Tapetenhölle. Stattdessen stand hier ein warmer Bollerofen, der einen bei Kälte aufwärmte, dazu ein riesiges

Sofa, bezogen mit rotem Samt, auf das sich das Mädchen setzte, geborgen unter einer Wolldecke. Immer wieder fragte ihre Tante, ob es ihr gut ging, ob ihr etwas fehlte. Marie war in Gretas Paradies aufgenommen, genoss Essen, Trinken, dazu allerlei Düfte, Sauberkeit, Ruhe. Sie gedieh und entfaltete sich, lachte gern. Bloß am Abend musste sie sich von Greta trennen, musste zurück ins schmutzige und laute Elternhaus; dort schlief Marie unruhig und sehnte den nächsten Morgen herbei.

Manchmal blieb Marie auch über Nacht bei der Tante, weil sie es so schön fand, dort zu sitzen, zu reden, es war einfach gemütlich. Niemand verlor ein Wort darüber, weder die Eltern noch Greta noch das Kind. Bald lebte Marie ganz bei der Tante, Tag und Nacht, lernte ein Leben fast ohne Albträume kennen, dafür saubere Zimmer, frisch duftende Toiletten, Schaumbäder, Wärmflaschen. Sie lernte von Greta die Gartenkunst, übte Vokabeln und Kopfrechnen, beide kochten, spielten Flöte, strickten.

Doch ab und zu war Marie kein liebes Kind, sondern ein Monster. Es steckte zu viel Grauen in ihren Knochen, sie hatte den Tod gesehen. Das musste raus, ob sie wollte oder nicht. In einem Fall traf es einen Marienkäfer, der friedlich einen Halm hochkletterte. Marie packte ihn, knöpfte seinen gepunkteten Mantel auf, pulte die hauchzarten zusammengeklappten Flügel heraus und riss sie ohne zu zögern ab. Sie zog auch einen Regenwurm nach dem anderen aus der Erde und ließ die armen Wesen an der Sonne vertrocknen wie Pflaumen. Am Tag danach sahen sie aus wie winzige Stöckchen, nach einer Woche wie dunkles Mehl, krabbelten nicht mehr. Sie tat das häufig, amüsierte sich gnadenlos. Man konnte froh sein, dass sie nicht noch Schlimmeres anstellte, ihre Fantasien reichten weit. Sie sprach nicht mal mit Greta darüber, so schlimm waren ihre Gedanken. Beispielsweise würde sie gern das Haus ihrer Eltern anzünden, falls ihr mal Streichhölzer in die Hände fielen. Feuer war doch so schön! Und so mächtig! Marie malte sich unterschiedliche Szenarien aus. Erst mit Benzin den Flur überschütten, vorher noch die Fluchtwege mit schweren Möbeln verrammeln. Danach alle Türen von außen verriegeln und Eltern und Brüder zum Teufel jagen. Auch der Schweiger wird leiden, obgleich er schon umgebracht war, aber das spielte in ihren Fantasien keine Rolle. Anschließend würde sie durch viele Kirchen laufen und jedem Jesus, den sie erwischte, den Lendenschurz runterreißen. »Was hat der Herr Jesus dir getan?«, würden seine Engel verstört rufen.

»Nichts!«, wird sie antworten. »Ich will bloß böse sein, ich hasse alles und jeden, die Gemeinheit tut mir gut.«

Es nahm kein Ende. Marie sah in ihrer Fantasie die Mutter in einer Blutlache in der Küche liegen, den Vater aufgeknüpft in der Scheune. Die Leichen der vier Brüder schwammen in der Jauchegrube. Ach nein, was dachte sie bloß, um Himmels willen! So weit reichte ihre Wut doch nicht, plötzlich sehnte sie sich ihre Eltern und Brüder aus dem Tod zurück und es tat ihr leid, was sie den vielen Jesussen angetan hatte und dem Marienkäfer, oh weh, sie hasste sich dafür. Wenn sie sich noch so anstrengte, sie würde ihm die Flügel nicht mehr unversehrt zurückgeben können, für so was gab es keinen Chirurgen, der Käfer war verloren, genau wie die Regenwürmer. Es tat ihr wirklich leid. Greta hingegen machte sich überhaupt nichts daraus, den Schweiger auf dem Gewissen zu haben. Mit Hingabe goss sie das Vergissmeinnichtbeet, um die Erde da unten schön faulig zu halten, das war es doch, was eine Leiche will, ordentlich vermodern.

Tage später regnete es anhaltend. Erst nieselte es, dann wieder drehte jemand scheinbar alle Hähne auf und die Regentropfen platschten auf die Blätter, Badetag für Rotbuche, Tanne, Obstbäume und Nuss. Der Erdboden wurde gründlich getränkt, kleinere Blätter zitterten ängstlich, den Weinranken konnte man regelrecht beim Wachsen zusehen. Die Luft war angenehm kühl. Staunässe konnte sich nicht bilden, Greta hatte sanft abfallende Beete. Marie und Greta saßen längst im Trockenen. Vom Fenster aus sahen die beiden dem Unwetter zu. Heftigen Gewitterregen zu betrachten schien Marie ähnlich schön wie das flackernde Feuer beim Scheunenbrand, sie erinnerte sich gern daran. Der Klang von Feuer und Wasser war beinahe ähnlich. Marie erinnerte sich, wie sie immer im Regen gestanden und üble Schauer unter den Planen im Ställchen erlebt hatte. Dieses lagerte längst im Keller und verstaubte.

Und dann, nach all der Zeit, kam ihr doch noch ein Polizist in die Quere. Dessen Dienststelle durchleuchtete alte Fälle, und die Aufgabe des Kripo-Beamten war es nun, ein weiteres Mal das ungeklärte Verschwinden des Schweigers zu untersuchen. Der Vermisste hatte sich nicht polizeilich abgemeldet, auch nirgendwo anders angemeldet. Es gab Hinweise, dass der Mann ins Ausland zu seiner Schwester übersiedelt war. Nun kam heraus, dass er nie eine Schwester gehabt hatte. Entfernte Erben drängten, sie hätten gern Haus und Grundstück, die verfielen ja zusehends, jedoch gab es bis heute keine Leiche. Nun also sollte ein junger Polizist bei der Klärung mitwirken, weil der Vorgesetzte aus der Stadt die Akte endlich schließen wollte. Der Beamte hatte sich einen Nachmittag im Dorf blicken lassen, sich umgeschaut, war von Tür zu Tür gegangen und hatte dies oder jenes gefragt, dazu sorgfältig Notizen gemacht. Seine Anwesenheit sprach sich schnell herum, nur selten kam die Polizei ins Dorf, zuletzt, als die Scheune in Brand geraten oder Jahre davor mal ein Hund überfahren worden war, alles Banalitäten.

Niemand machte sich was aus dem Schweiger, einzig Greta schlug es auf das Gemüt, sie schien unaufmerksam, goss etwa die Kakteen, ging in die Kirche, was sie sonst nie tat. Je näher der Polizist ihrem Grundstück kam, desto tiefer senkte sich ihr Rücken, ihre Tat stand ihr sicher ins Gesicht geschrieben. Jetzt würden sie doch die Knochenreste finden, Polizeihunde rochen so was. Sie würden Spuren von ihr finden, sie abführen, verhören, verurteilen und für immer wegsperren. Im Gefängnis würde sie eingehen wie eine Primel. Als sie an der Reihe war, fühlte sie sich hundeelend. Der Mann stand am Staketenzaun und rief nach ihr, sie musste sich jetzt verdammt noch mal zusammenreißen.

»Guten Tag, ich bin Ihr Schutzmann vor Ort, Sie dürfen das wörtlich nehmen, Friedhelm Bär mein Name. Darf ich Sie kurz stören, Frau, äh, Lenz?«

Er wird ihren Namen am Briefkasten gelesen haben. Oder er hatte eine Liste aller Bewohner, die er befragen sollte, was Polizisten halt so tun, wenn sie nachforschen. Ermitteln nennen sie das, weiß jeder, der Zeitung liest.

Gretas Herz klopfte heftig vor Angst. Nur wenige Meter entfernt lagen die Knochen des Gesuchten.

»Ich komme jetzt in Ihren Garten, ist das recht?«

Greta wimmerte: »Haben Sie einen Hund? Ich habe Angst vor Hunden.«

»Nein, nein, keine Sorge, kein Hund.«

Kein Leichenspürhund war zu sehen. Der Polizist öffnete die Gartentür, ging langsam auf Greta zu: »Ich hätte da bloß ein paar Fragen.«

Sie schaute ihn an. Ein Mann in ihrem Alter, hinreißend sah er aus in seiner flotten Uniform. Sollte sie ihn nun fürchten oder anhimmeln?

»Ich habe nur ein paar Fragen an Sie, machen Sie sich keine Sorgen. Es wird bereits seit Längerem eine Person aus dem Dorf vermisst, das wissen Sie vielleicht?«

Greta drehte sich der Magen um, sie wurde blass, die Hände zitterten, jetzt ging es um alles.

Marie spielte unweit im Garten. Sie erkannte Gretas Furcht, kam gelaufen, griff ihre feuchte Hand und drückte sie aufmunternd. Greta rührte sich nicht, stützte sich auf den Spaten und schwieg. Darum ging Marie nun los, öffnete das Gartentor, ließ den Polizisten hinein und machte auf süß: »Guten Tag, ich bin Marie.« Der Mann hatte schwarze Haare, dunkle Haut und ein natürliches Lächeln. Kein Lachen, kein Grinsen, auch kein unfreundliches Gesicht, sondern genau in die Mitte getroffen. Er sprach zu Greta, schaute aber Marie an, um Greta nicht weiter zu verunsichern: »Ich bin hier, um mich nach Richard Stöckel zu erkundigen, er wird vermisst.«

»Von mir nicht«, antwortete Greta viel zu schnell, viel zu ehrlich.

»Wann haben Sie ihn das letzte Mal gesehen?«

Greta hatte sich gefangen, schauspielerte nun, schaute vor sich hin, dann in die Luft, schüttelte scheinbar in sich gekehrt den Kopf: »Ich kann mich nicht erinnern, ist schon eine Weile her. Was ist denn mit ihm?«

Marie staunte über Greta. Sie sprach mit dem Polizisten so leicht und locker, als sei sie in ihrem Glashaus und unterhalte sich mit den Kakteen. Sonst sprach sie doch beinahe mit niemandem. Es gelang ihr, normal zu erscheinen, der Polizist schöpfte kein bisschen Verdacht, im Gegenteil! Er hatte inzwischen seine Mütze vom Kopf genommen und lächelte Greta an. Diese zeigte ihm den Garten, Marie schaute ihnen hinterher, er durfte nun sogar die Kakteen sehen, was nicht mal Maries Eltern erlaubt war. Ins Glashaus durfte einzig Marie, wenn man dort neue Blüten willkommen heißen konnte. Nun war der fremde Polizist da drin, bestimmt schon zehn Minuten oder länger, und als sie herauskamen, nannten sie sich Greta und Friedhelm.

»Darf ich dir noch einen Gefallen tun?«

Greta verstand nicht, was er von ihr wollte. Er nickte ermutigend: »Ich hab das mal gelernt. Aber ohne Ihre Zustimmung –« Er besann sich: »Ohne deine Zustimmung werde ich nicht eingreifen.«

»Zustimmung wofür?«

»Dein Rücken. Tut weh, richtig? Mal sehen, wo es hakt.«

»Bitte?«

Er packte sie unverblümt und ruckelte an den Wirbeln herum, bis es kurz knackte. Greta spürte seine Hände auf ihrem Körper, sie war sehr verlegen und hatte nun einen knallroten Kopf. Marie hatte sie noch nie so erlebt. Friedhelm trat zurück und fragte: »Besser?«

»Wie?«

»Der Rücken.«

»Ach, der. Viel besser, ja. Danke sehr.«

Er lächelte: »Meine Mutter ist Physiotherapeutin, da lernt man als Sohn vieles mit.«

»Verstehe.«

»Du solltest dir mal ein paar Behandlungen verschreiben lassen. Meine Mutter ist wirklich gut.«

Greta nickte. Er ahnte ja nicht, wie scheu sie war, dass sie nirgendwo hinging, sich nie was verschreiben, sich nicht anfassen ließ. Friedhelm erzählte noch etwas, Greta lächelte und plapperte ebenfalls wie ein Wasserfall. Und erst, als er im Auto abgefahren war, brach sie regelrecht zusammen, sank zitternd auf die Gartenbank und atmete schwer. Sie hatte sich derart verstellen müssen! Friedhelm war die Polizei, und im Garten lag die Leiche.

Ein paar Tage später kam Friedhelm in Zivil zurück, in Jeans und mit einem Strauß Blumen. Er hatte die Musik mitgebracht, von der er ihr im Gewächshaus erzählt hatte, Nina Simone. Marie beobachtete die beiden, vielleicht würde Friedhelm ja ein Freund von Greta werden. Frauen und Männer taten sich gern zusammen. Greta sprach aber nur kurz mit ihm. Ihre Worte schienen nicht erfreulich, Marie sah ihn, er war sehr traurig. Nichts war so traurig wie der Anblick eines weinenden Mannes mit einem Blumenstrauß in Händen. Er drehte sich um, ging ein paar Schritte, stoppte, bückte sich und legte den Strauß auf ein Beet mit Vergissmeinnicht. Um Himmels willen, wenn der wüsste! Der unglücklich verliebte Mann ging ohne sich nach ihr umzusehen zum Gartentor und verschwand. Marie spürte unendlich großes Mitleid: »Er hat verzweifelt geguckt!«

Greta antwortete nicht.

»Du bist gemein!«

»Ja, ich bin gemein.«

»Dann sag Entschuldigung zu ihm!«

Greta schüttelte den Kopf und schwieg.

»Willst du keinen Freund?«

Marie konnte sagen, was sie wollte, ständig redete sie über Friedhelm, pries ihn in hohen Tönen, doch Greta wollte nichts davon hören, die Tante sprach nicht mehr von dem Polizisten, das sei allein ihre Sache. Marie nannte ihre Tante dumm, konnte nicht verstehen, dass die keinen Freund haben wollte, das machten doch alle: Lernten sich kennen, gingen Hand in Hand und küssten sich. Weil sie nicht aufhörte, platzte Greta irgendwann der Kragen: »Ich habe jemanden umgebracht. Friedhelm ist bei der Polizei, er sucht den Täter. Ich müsste ihn jeden Tag anlügen. So kann man nicht glücklich werden. Und jetzt Schluss mit dem Thema.«

Die Jahre vergingen. Im nächsten Herbst sollte Marie auf das Gymnasium in der Stadt wechseln, empfahlen die Lehrer. Die Eltern waren skeptisch, das Kind könnte auf der höheren Schule hochnäsig werden und bald so unverständlich sprechen wie die Ärzte. Sie würden es sich durch den Kopf gehen lassen, redeten sie sich heraus, aber nicht mal das würden sie tun. Bei Elternabenden hatten sie sich nie blicken lassen. Sollte das Kind die Pflichtschuljahre machen und daheim im Feld aushelfen, als billige Arbeitskraft. Sie hatten derweil ganz andere Sorgen: Günter stotterte, Eugen war Taschendieb und schon dreimal erwischt worden. Und Peter und Paul wollten Mädchenkleider tragen, da konnte der Vater die beiden vermöbeln wie nur was, es änderte nichts.

Anders als Greta damals nahm Marie ihr Leben in die Hand, obgleich sie erst elf Jahre alt war. Bekam die Unterlagen im Sekretariat ausgehändigt, fälschte die Unterschrift der Mutter und meldete sich einfach selbst fürs Gymnasium an. Zuerst wusste nur Greta davon: »Ich stricke Pullover und verkaufe die, davon bezahlst du die Fahrscheine.« Das Geld für Bücher und Hefte besorgte Marie sich selbst. Ständig klaute sie Münzen aus den Taschen und Börsen der Eltern, darüber hinaus fuhr sie am frühen Morgen Brötchen aus. Weitere Verbündete wurden nach und nach eingeweiht und steckten ihr regelmäßig was zu, darunter die Pfarrerin und Hugo. Sogar zwei Lehrer kannten ihr Geheimnis und ignorierten die gefälschten Unterschriften.

12

Der Bauer musste konkurrenzfähig bleiben. Er investierte gerade in einen neuen Mähdrescher für unfassbar viel Geld. Diese neue Landmaschine war so groß, dass der Bauer sie auf eigenem Grund nicht wenden konnte. Er brauchte Platz und Geld für seine Landmaschine. Marie hatte von der Mutter erfahren, wie teuer das war. Sie schrieb die Summe für den Mähdrescher in den Sand, daneben die Kosten für ihren Schulbesuch. Bitterkeit machte sich in ihr breit, es gab immer mehr Gründe, ihren Vater zu hassen.

Alle paar Tage geigte der Hoferbe seiner Schwester die Meinung: »Du lebst hier wie die Made im Speck, setzt Marie nen Floh ins Ohr, von wegen Abitur und so. Hilfst nicht auf dem Feld, wir plagen uns von früh bis spät, du bewohnst für nichts und wieder nichts das Haus und hast nen riesigen Garten. Ich weiß, stand alles im Testament. Jetz kommt aber der neue Mähdrescher, wo soll der wenden? Sag mir das!« Er lamentierte weiter, seine Aufzählung war endlos.

Greta verstand gar nicht, was der Bruder wollte. Niemand außer ihm hatte das Arrangement jemals infrage gestellt, alles war geregelt, mit Brief und Siegel. Die laut vorgetragenen Einwände des Bruders klangen in Gretas Ohr, als klopfe jemand an das nervende Regenrohr. Sollte er doch bitte still sein, was hatte sie mit seinem dämlichen Mähdrescher zu tun? Marie schwang sich mutig auf: »Papa, du darfst nicht böse werden.«

Der Vater starrte sie an, packte sie grob am Arm und setzte sie vor die Tür: »Was hast du denn hier zu melden!«

Das kleine Haus war renovierungsbedürftig, bald wäre er gezwungen, Geld reinzustecken. Parkett abschleifen und versiegeln, die Fenster mussten gestrichen werden, die Heizung war alt, das Bad musste dringend modernisiert werden. Es würde ihn Tausende kosten, damit Greta dort zufriedenstellend leben konnte, aber er hatte keine Lust, für die Geld auszugeben. Am liebsten wollte er das Häuschen abreißen, den Garten plattmachen. Greta würde sich an die Mietwohnung gewöhnen, allemal besser, als obdachlos zu sein. Dann war sie endlich weg, und er müsste sie nicht immerzu vor Augen haben. Seine Entscheidung war gefallen.

Von nun an ging es nur noch um Gretas Garten und Vaters Traum vom Mähdrescher-Wendekreis, die Stimmung war aggressiv. Marie lauschte hinter verschlossenen Türen den Tiraden. Greta weinte immer häufiger, am Ende jeder Auseinandersetzung sagte sie einzig und immer wieder Nein, das brachte ihren Bruder zur Weißglut. Er schimpfte und demütigte Greta. Er drohte, doch sie blieb dabei, Garten und Haus durfte sie nutzen bis an ihr Lebensende, sollte er ihretwegen wenden, wo er wollte, aber sicher nicht in ihrem Garten. »Wende doch auf dem alten Schulhof oder fahr mit deinem Mähdrescher um die alte Kirche, es gibt zig Möglichkeiten zu wenden.«

Der Bauer fluchte und knallte die Tür.

Eine Woche später kam er überaus freundlich mit einer neuen Idee. Greta könne doch ins Dorf ziehen, neben der Kirche sei eine kleine frisch renovierte Wohnung frei, sie solle ihm wenigstens den Gefallen tun, sich das anzusehen. Notgedrungen ließ sich Greta drauf ein: Ein kleines Klo mit Dusche, keine Badewanne mehr. Eine angegraute Resopal-Küche mit einem Herd, der nur zwei Platten hatte. Der Fernseher im Wohnzimmer war größer als das Fenster zum Hof. Ihr fehlte der Blick ins Grüne, sie sah einzig Mülleimer, schwarz, braun, gelb. Greta lachte ihren Bruder aus, ein Umzug weg vom Garten war schlicht eine lächerliche Idee, undenkbar. Ihr Garten war das Wichtigste für sie, ihr Leben, sie würde auf keines ihrer Rechte verzichten.

Der Bruder wiederum wünschte sich, Greta würde sich in Luft auflösen. Der Schlag sollte sie treffen, aber seine Schwester blieb kerngesund. Er hatte sogar mal an den Goldregen gedacht, eine Überdosis Cytisin ins Müsli hinein, und schon wäre Ruhe im Karton. Jeder im Ort wusste, dass Greta vom Goldregen naschte, weil sie den Rausch genoss. So weit könnte er gehen, wenn sie nicht einsichtig würde. Auf jeden Fall brauchte er ihr Grundstück und den Garten, sie musste nachgeben oder dazu gezwungen werden. Bald stand er jeden Tag auf der Matte und nervte seine Schwester: »Heirate endlich, wird langsam Zeit.«

»Ich bin doch nicht blöd.«

»Oder du ziehst fort von hier.«

»Wieso bist du so fies zu mir?«

»Du bist nicht normal. Gräbst ständig in der Erde rum, findest keinen Mann. Oder bist du etwa lesbisch?«

»Du hast deinen Teil, ich habe meinen.«

»Dich krieg ich noch!«, zischte er und stapfte wütend davon.

Maries Vater liebte Beton. Glatt und hart, mit Brettern eingeschalt, sodass er das Muster des Holzes haargenau kopierte, ja beinahe noch schöner aussah als echtes Holz. Beton wird weder schimmeln noch brennen, er ist männlich, wird niemals schwach. Holz war weiblich, nachgiebig, kraftlos. Beton war für die Ewigkeit gemacht, ein treuer Freund, ein Denkmal für den, der ihn gegossen hat. Frisch geliefert mutete er an wie Kinderspielzeug im Regen, wunderbarer Matsch, frisch aus Pfützen geholt. Geschmeidig drang er in jede ihm überlassene Ritze ein und wurde doch nach kurzer Zeit steinhart. Diese Sturheit von Beton gefiel Maries Vater über alles. Und billig war das Zeug dazu. Pflastersteine waren ihm zu teuer, erschienen allzu vorläufig, beinahe lachte er über die niedliche Prozedur des Verlegens. Mal klopfte man hier sanft, korrigierte da. Jeder noch so forsche Handwerker hätte bei diesem bedächtigen Vorgehen eine Gelegenheit gefunden, es sich noch mal anders zu überlegen. Niemand wurde von sorgsam verlegten Pflastersteinen überrumpelt, es sei denn, ein schwarz vermummter Schuft warf auf Demonstrationen damit und traf den Kopf eines Polizisten. Das kam heute allerdings sehr selten vor, gewöhnlich waren Pflastersteine freundliche und stumme Gesellen. Wenn jemandem das Ergebnis nicht gefiel, sammelte er die Steine wieder ein und versuchte es auf andere Manier. Pflastersteine waren Demokraten, Beton war Diktatur.

Marie hatte in der Schule inzwischen Französisch als zweite Fremdsprache gewählt, ihre Noten waren großartig, ihre Mutter träumte von Sansibar, ihr Vater kannte nur ein Thema. »Ich meine es doch nur gut. Die neue Wohnung wird eine Einbauküche haben, einen Fernseher, einen Balkon. Du hast keine Arbeit mehr mit dem großen Garten.«

»Ich *will* Arbeit im Garten haben.«

Gretas überhebliches Lachen störte ihn, die nahm ihn nicht ernst, das würde ihr noch mal leidtun. Sein Hof sollte florieren, seine Zukunft brauchte Beton. Beim nächsten Besuch laberte er seine Schwester über Düngemittel und Saaten voll. Seine rechte Hand aber spielte mit einem Klappmesser, machte es auf, zu, auf, zu. Scheinbar ganz lapidar sprach er nun von der Politik, von dem neuen Supermarkt. Klappte auf, klappte zu und ging endlich grußlos davon.

Hinterher saß Greta besorgt am Küchentisch, schob die Krümel von links nach rechts, dachte lange nach. Ihr Bruder meinte es ernst, seine Warnung kam an, das Messer war gewetzt. Sie würde die Pfarrerin als Vermittlerin einschalten müssen, eine andere Respektsperson gab es nicht im Ort. Sie atmete tief durch. Und Friedhelm? Er hätte ihr helfen können, doch sie hatte ihn vergrault. Auf der anderen Seite: Friedhelm war ja schließlich Polizist und dazu da, für Recht und Ordnung zu sorgen. Vielleicht könnte sie ihn einfach so als Polizist fragen, ohne einen Kuss zu provozieren.

Die Pfarrerin erklärte dem Bauern mit eindringlicher Stimme, dass Gretas Garten himmlisch sei, beinahe wie der Garten Eden, den könne und dürfe man ihr nicht nehmen, das Recht sei ebenfalls auf ihrer Seite. Der Bruder entgegnete, er müsse halt alle ernähren, seine Familie und seine Schwester dazu, deshalb sei es nötig, dass er seinen Mähdrescher wendet, das sei das Mindeste, was er als moderner Bauer für sich beanspruchen könne. Doch, versicherte er ihr, Greta könne das Grundstück auf jeden Fall weiter nutzen, es würde nur etwas anders aussehen. An dieser Stelle musste er beinahe lachen, so witzig fand er seine eigene Argumentation. Die Pfarrerin nickte, schien ihn ernst zu nehmen, es war zum Schießen!

Er textete sie weiter zu: Greta werde ja entschädigt, mit einer schönen neuen Wohnung, einem schönen Stück Land, aus dem sie einen neuen Garten machen könne. Greta kümmere sich auch prima um das Mariechen, all seine Kinder brauchten den Garten. In diese Gedanken vertieft nickte der Bruder. Die Pfarrerin legte viel Bedeutung in dieses Nicken hinein, faltete die Hände, sprach ein Dankgebet ob der Einsicht des Bauern, Frieden zu wahren und den Garten zu erhalten, und ging hernach fröhlich ihrer Wege.

Die Pfarrerin! Weg war sie, endlich. Der Bruder spuckte verächtlich aus, als wollte er sich die freundlich klingenden Worte und die Gebete aus dem Mund spülen. Die Pfarrerin war Kirchenbeamtin der EKD, erhielt Besoldung und Versorgung nach dem BVG und war dazu beihilfeberechtigt. Davon konnte ein Bauer nur träumen. Er schimpfte vor sich hin: »Die blöde Tusse hats gut. Der fliegen die gebratenen Tauben in den Mund, oder wie das heißt.« Oder waren es Hühner? Stand das in der Bibel? Er hatte keine Ahnung, er las den Kram nicht. Tauben schmeckten nicht mal, wer fing und briet die heute noch? Im Krieg hatte man so was noch auftischen können, ansonsten waren Tauben die Ratten des Himmels.

Greta machte sich ebenfalls nichts aus Gebeten, doch sie war froh, dass nun alles geklärt war und die Pfarrerin Zeugin der Vereinbarungen war, falls der Bruder was anderes behaupten sollte. Sie stand vom Verhandlungstisch auf, atmete erleichtert auf und reichte ihrem Bruder draußen vor der Tür des Gemeindebüros die Hand zur Versöhnung. Da flüsterte dieser Mistkerl ihr ins Ohr, er habe gar nicht genickt, da müsse die Pfarrerin was missverstanden haben: »Ich hab da drin bloß meinen Nacken gedehnt, spüre da oft so ein schmerzhaftes Ziehen.« Greta schauderte, ihr Bruder fügte grinsend hinzu: »Natürlich will ich deinen Garten. Ich brauche den Grund, das weißt du doch. Die Pfarrerin ist mir wurscht, Gebete sind mir egal, Gott gibts eh nicht.« Greta konnte es nicht glauben, ihr stockte der Atem. Sie hatte so viele Male nachgeben müssen im Leben, das hatte sie intus. Aber sich widersetzen? Dafür fehlte ihr der Mut. Sie konnte einen Mann erwürgen, doch laut und deutlich Nein sagen ging nicht. Verzweifelt stand sie da, in Tränen aufgelöst.

»Pack deine Sachen und zieh in die Wohnung im Dorf.«

In den folgenden Tagen brachte Greta ihrem Bruder gegenüber wieder und wieder den Willen der Eltern zur Sprache. Wobei Greta nicht wirklich sprach, vielmehr weinte sie nach jeder dritten Silbe, suchte aus Verzweiflung nach Worten oder gar vollständigen Sätzen, die ausdrückten, was sie empfand, was sie wollte, was sie nicht wollte. Doch sie hatte keine Worte parat, um auf ihrem Recht zu beharren. Eine weitere Nacht lang dachte sie nach. Sie brauchte Hilfe, brauchte einen Menschen, der ihr Halt bot. Es gab ihn ja längst, doch sie fürchtete sich schrecklich, sich ihm zu nähern. Solch furchtbare Erfahrungen hatte sie gemacht, solche Gewalt ertragen, da fiel es schwer, wieder Vertrauen aufzubauen. Ihr Bruder war ein Idiot, aber leider keine Distel, die sie einfach ausreißen konnte. Aus seinem täglichen Gebrüll und Genuschel hörte man heraus, dass er tatsächlich eine Wiese gepachtet hatte, ganz in der Nähe des Dorfes, aus der sie einen neuen Garten machen könne. Greta kündigte daraufhin an, sie werde nun mit der Polizei sprechen.

Die Augen des Bruders blitzten auf vor Zorn. Also doch! Blöd ist sie nicht, die Pfarrerin wird ihr das gesteckt haben mit der Polizei, Frauen hielten immer zusammen! Er stürmte auf sie zu, griff ihr an die Gurgel, wie sie es beim Schweiger getan hatte, drückte jedoch nicht richtig zu. Greta erschrak nicht mal, lachte ihn hämisch aus: »Mach doch, du Trottel, komm, bring mich um! Dann ist gleich die Polizei da, die kenne ich nämlich. Friedhelm. Sagt dir das was? Der weiß bereits, wer mein Mörder ist. Morgen steckst du für immer im Loch. Los, mach! Ich sterbe gern, drück endlich zu.« Ihr Bruder war rot vor Wut, ließ sie los, schubste sie und boxte ihr brutal in den Magen. Sie ging in die Knie, stöhnte vor Schmerz, taumelte gekrümmt zurück ins Haus und verschloss hastig die Tür.

Marie hatte den Vorfall genau mit angesehen, jedes Wort gehört. Greta weinte, ihr Vater war schuld. Sie lief zur Mutter, erzählte ihr alles, bat um Beistand: »Mama, es passiert was Schlimmes, du musst Greta helfen, Papa bringt sie noch um!« Doch der Mutter war das wieder mal egal, sie schaute nur müde und wirkte sehr abwesend. Marie war bitter enttäuscht, vielleicht nahm sie was vom Goldregen oder Ähnliches. Sie war nicht mehr von dieser Welt, lebte ausschließlich in ihrer Fantasie, und die war schön, ein Märchen in Pink. Um sie herum etliche unsichtbare Liebhaber, die sie in Träumen zärtlich berührten.

Der Vater schickte Marie aufs Zimmer, zu Greta dürfe sie heute nicht mehr, basta! Sie hatte hier ja gar kein eigenes Zimmer mehr, saß im Horrorzimmer, in dem sie früher als Kind so oft geweint hatte. Wie beschissen waren ihre Eltern! Sie hätten gar keine Kinder bekommen dürfen. Ihr war ja längst klar, wie es zwischen den Eltern stand, sie konnten sich nicht leiden, brauchten sich nur, um ein Gegenüber zu haben, mit dem sie streiten konnten.

Marie hätte jetzt eine beruhigende Portion von Gretas Goldregen gebrauchen können. Nach einer Stunde tat ihrem Vater alles leid und er holte sie aus dem Zimmer. Was hatte ihn bewogen? Wer wurde aus dem Mann schlau?

Greta traute ihrem Bruder schon lange nicht mehr über den Weg, hatte sich was besorgt, falls er richtig aggressiv werden würde: ätzende Wolfsmilch – ein paar Tropfen davon auf seine Haut, und ihr Bruder hätte furchtbare Schmerzen. Der schlug ihr nicht mehr ungestraft in den Magen! Zwei Milligramm auf seine entblößte Eichel wären perfekt, um sich zu revanchieren. Schreien würde er, leiden wie nie zuvor. Er brauchte bloß noch mal drohen, sie war bereit für einen Gegenschlag. Und wenn ihn diese Attacke nicht abschreckte, blieb ihr nichts anderes übrig, als ihn mit Goldregen zu füttern.

In der Nacht störten erst mal Maries Brüder ihren Schlaf, sie feierten mit Freunden im Garten unter freiem Himmel, randalierten, spielten rund um die Uhr grauenhafte Beats ab, kotzten in die Beete, traten Pflanzen ein, rissen Blüten ab, soffen sich in die Besinnungslosigkeit. Wieder musste sich Greta bei ihrem Bruder beschweren. Der lachte nur laut: »Wenn du die Flegel reinlässt! Tritt ihnen in den Arsch, meinen Segen hast du.« Er selbst hatte die Jungen zur Randale ermutigt, das war Greta klar, er hatte das Bier bezahlt, wollte sie loswerden, auch mit unfairen Mitteln.

In der folgenden Woche ging er nach den *Tagesthemen* mit Marie rüber zu seiner Schwester und entschuldigte sich in aller Form. Er wolle ihr nichts, im Prinzip verstehe er sie ja: »Mariechen braucht dich doch, sie liebt den Garten, sie isst das Grünzeug so gern wie du, die Buben ja auch.«

Der Kontakt zu ihm war für Greta unglaublich anstrengend, seine Worte widerlich. Nun berührte er sie gar, legte ihr die Hand auf die Schulter: »Komm, Schwesterherz, trink einen mit mir, dann begraben wir unsere Fehde für immer!« Greta wand sich aus seiner Umklammerung, sie trinke nicht. Er hatte das bedacht und statt

Alkohol einen guten Sanddornsaft mitgebracht: »Den magst du doch, hab ich nicht recht?« Sie nickte zögerlich. Irgendwas stimmte hier nicht, er redete zu viel, lachte ausgelassen, das war gar nicht seine Art. Er prostete Greta zu, gab auch dem Kind was ab. Er bewundere Greta dafür, was sie so alles mit dem Goldregen anstelle. Ob sie ihm auch mal was von dem Kraut zum Rauchen geben könne? Sie gab lapidar zurück, es stehe ihm jederzeit frei, ein paar Körnchen zu knabbern, wenn sie schwarz und reif seien. Er lachte schrill, verstand ihren morbiden Humor sehr wohl, den Verzehr der Samen dürfte er nicht überleben. Wieder dieses aufgesetzte, viel zu laute Lachen. Greta war das nicht geheuer, der kumpelhafte Umgang, seine scheinbar freundlichen Worte waren nicht echt, er führte etwas im Schilde, sie wünschte sich nichts dringender, als dass ihr Bruder endlich rüberging in sein Bett. Weshalb war er so gesprächig, so großzügig – Sanddorn war teuer.

»Noch ein Schlückchen?«

Dem Frieden zuliebe stieß sie noch mal an. Redete mit ihm, so vernünftig es eben ging. Das ganze kleine Haus atmete auf, als er endlich verschwand. Marie durfte bei Greta übernachten, sie kuschelten sich im Bett aneinander und hatten es endlich gut.

Am nächsten Morgen verschliefen beide, wie eigenartig, sonst waren sie geborene Frühaufsteherinnen. Marie warf sich eilig in die Klamotten, putzte sich die Zähne, Zeit für ein Frühstück hatte sie nicht mehr, sie griff nach ihrer Schultasche, der Schulbus würde nicht warten. Greta war irritiert, ihr Kopf brummte, als hätte sie einen Kater, oder vielleicht war eine Erkältung im Anmarsch. Sie schloss Marie die Haustür auf, beide schauten nach draußen – und in diesem Moment änderte sich alles.

Beim Anblick, der sich ihnen bot, schrien sie auf. Alle sieben Obstbäume lagen abgesägt am Boden, sieben Opfer kreuz und quer, einer war prächtiger als der andere gewesen, nun waren sie für immer hin. Noch hielt Greta an dem Gedanken fest, dies sei ein Albtraum. Es konnte einfach nicht wahr sein, es musste sich um eine Täuschung handeln. Marie lief bereits hysterisch schreiend hin und her, berührte jeden Stamm, als wäre noch was zu machen, als habe so ein gefällter Baum noch einen Puls, den man messen könnte, Erste Hilfe leisten, sie durch Nennung ihrer Namen wiederbeleben: »Die Pflaume, oh mein Gott! Die Süßkirsche, nein! Die Sauerkirsche auch, die Mirabelle. Wer hat das getan? Und der Apfelbaum, ach, die arme Williamsbirne auch!«

Greta sah nun vollkommen klar. Der Bruder war in der Nacht gekommen, dieser verdammte Hurensohn. Er wird eine Handsäge benutzt haben, eine Motorsäge hätte natürlich jeden im Dorf geweckt. Bis alle Bäume gefällt waren, wird er einige Zeit gebraucht haben. Weshalb hatte sie nichts gehört? Zögernd ging sie zu ihnen, ihr war richtig übel vor Kummer. Sie wagte nichts zu berühren, als würde die Spurensicherung später noch Fingerabdrücke nehmen. Diese Bäume hatte noch der Großvater gepflanzt, nach dem Krieg, als er als einziger Überlebender seiner Truppe heimkehrte und nicht mehr leben wollte, weil er im Krieg so oft getötet hatte. Da hatte er wegen Luthers Spruch mit dem Apfelbäumchen diese Allee angelegt. Sieben wegen der Unendlichkeit:

Nie wieder Zerstörung. Das war nun vergessen, es zerstörte wieder wer, ein neuer Krieg war ausgebrochen, ein Familienkrieg diesmal.

Sie schaute sich um und entdeckte unterschiedliche Fußspuren. Der Bruder hatte also Komplizen gehabt. Wenn es solche Menschen gab im Dorf, wie konnte sie hier noch leben? Wem war noch zu trauen? Was ging in solchen Leuten vor? Sie kannte doch jeden im Ort von Kindesbeinen an, man hatte sich immer vertragen. Alle im Dorf wussten, dass sie diese Bäume liebte und hegte wie ihre eigenen Kinder, der Garten war doch ihr Ein und Alles! Weshalb hatte sie nichts davon mitbekommen? Unerklärlich, ihr tiefer Schlaf. Erst langsam dämmerte ihr, dass der Bruder Schlafmittel in den Sanddorn getan haben musste, Marie hatte ja auch so tief geschlafen. Sein freundliches Getue am Abend zuvor war reines Schauspiel gewesen. Ihr Bruder war eine verdammte Drecksau, sie konnte es nicht fassen. Man wollte sie fertigmachen. Das lag in der Natur des Bruders, er war dumm und brutal genug dafür.

Greta gab keinen Laut von sich, nicht mal einen Seufzer, keine Träne. Ein dicker samtig-roter Vorhang zog sich zu, erst viel später würde ihre blanke Wut ein Ventil finden. Irgendwann aber würde es ihm schlecht ergehen! Irgendwann, schwor sie sich, würde sie ihren Bruder auf links drehen, ihm die Därme aus dem Arsch ziehen, seinen Sack mit Stacheldraht abbinden und verfaulen lassen. Seine Augen würde sie mit Wolfsmilch beträufeln und er würde vor Schmerz verrückt und blind. Sie würde Arme und Beine absägen, damit er fühlte, wie der Baum gelitten hatte, ab jetzt ging es Auge um Auge, Zahn um Zahn.

Heute konnte sie noch nicht kämpfen, sie musste sich zurückziehen, sonst würde sie verrückt. Jeder Verwandte des Bruders war ihr Feind, also Bunker schließen, keinen einzigen Menschen mehr reinlassen. »Geh zur Schule«, sagte sie kühl zu Marie, ging ins Haus und verschloss die Tür.

Marie schaute verstört – sie konnte doch jetzt nicht in die Schule gehen! Ganz allein stand sie da draußen. Was tat die Tante da drin so allein? Sie mussten sich doch beraten, sich wehren. Marie ging zur Haustür, nahm ihren Schlüssel, wollte öffnen, doch Gretas Schlüssel steckte von innen. Das Mädchen klopfte, rief nach der Tante. Wartete, klopfte weiter, geriet in Panik und trommelte schließlich gegen die Tür: »Mach die Tür auf, sofort, lass mich rein! Greta! Hörst du?« Nichts rührte sich. Marie nahm nun doch den späten Bus und fuhr zur Schule. Keine Sekunde nahm sie aktiv am Unterricht teil, sondern dachte einzig an Greta und die Bäume.

Nachmittags eilte sie überaus besorgt zurück. Sie lief zur Tür, sie war immer noch abgesperrt. Marie konnte klopfen und betteln, Greta reagierte nicht, Marie blieb ausgeschlossen. Sie ging zu den gefallenen Bäumen, Sägespäne frisch verstreut, viele Blätter am Boden, Früchte, die kurz davor gewesen waren, geerntet zu werden. Einiges könnte man retten, doch das meiste würde verderben. Die Menschen hätten das Nachsehen, kein eigenes Obst auf dem Teller. Was sollten Marie und Greta im Herbst und Winter essen? Gekauftes Zeug aus dem Supermarkt? Sie klopfte, schrie, weinte. Lebte Greta noch?

Marie lief in ihr Elternhaus und schrie hysterisch nach ihrem Vater, der in der Küche stand. Baumhoch überragte er das Kind, doch sie fürchtete sich nicht mehr: »Warum, Papa? Warum hast du das getan?« Er tat, als könne er sie nicht hören. Behandelte Marie, als sei sie Luft. Die trommelte an seinen Brustkorb, trat ihm heftig gegen sein Schienbein, er lachte nur. Sie trat ihn ein zweites Mal, da knallte er ihr mit voller Wucht links und rechts eins um die Ohren: »Verpiss dich, du Gör!« Marie wandte sich schluchzend an ihre Mutter, die ihr so fremd geworden war: »Warum? Was hat der Papa nur getan? Warum die Bäume?« Die Mutter schaute Marie nur trübe an. Auf ihrer Stirn stand in großen Buchstaben: EGAL.

Auch am Abend öffnete Greta die Tür nicht für Marie, sie musste wieder im Elternhaus. Sie legte sich im Wohnzimmer auf die Couch, deckte sich mit der Wolldecke zu, mit der sich ihre Mutter beim Fernsehschauen wärmte. Alles daran stank nach sinnlosem Leben. Immer diese stumpfsinnigen Fernsehsendungen, die der Mutter die Lebenszeit nahmen. Jeden Tag Unkraut vernichten, das nach zwei Wochen wieder aufblühte und noch mehr Unkraut machte. Niemals wollte Marie so werden, auf keinen Fall!

Sie versuchte zu verstehen, was hier passierte. Greta würde ihr zumindest einmal öffnen müssen, damit sie ihre Sachen herausholen konnte. Bei dieser Gelegenheit könnte sie arglos versuchen, ein Gespräch zu beginnen. Man hatte sich doch lieb, es wird ihr inzwischen leidtun, sie hatte das nicht so gemeint. Marie bangte – was, wenn nicht? Keine Sorge, tröstete eine innere Stimme. Sie würden wieder zueinanderfinden, ganz bestimmt, und sich nachher gemeinsam wehren. Dieser herbe Stress war ein guter Grund, vom Goldregen zu naschen. Greta würde ihr ein paar Züge gönnen, beide brauchten dringend eine Stärkung, einen Rausch, einen guten Plan. Wenn sie sich erst mal vom Verlust der Bäume erholt hätten, ginge das Leben weiter, so hoffte sie. Greta war alles, was Marie hatte. Sie träumte von ihr, ein Lächeln, ein Winken, Früchte in der Hand, sie fütterte sie wie ein Vögelchen.

Am darauffolgenden Morgen ging das Mädchen guten Mutes hinüber. Dann der Schock: Ihre gesamten Habseligkeiten lagen vor der Haustür. Kleidung, Zahnbürste, Spielsachen, Bücher, Greta hatte alles zusammengepackt und draußen abgestellt, Marie war vor die Tür gesetzt worden. Noch nie hatte sie sich so beschissen gefühlt, wurde in Sippenhaft genommen, als habe sie selbst die Bäume gerodet und nicht ihr verfluchter Vater. Das war dermaßen ungerecht. Die Trennung von Greta konnte sie nicht hinnehmen, sie setzte sich, den Rücken an die Haustür gelehnt, wartete viele Stunden, klopfte oft, rief den Namen der Tante, weinte leise, weinte laut, Greta ignorierte sie. Nachmittags begann Marie, mit dem Hinterkopf an die Tür zu wummern, im Rhythmus ihres Herzschlages. Das musste Greta doch beeindrucken, wie sehr sie litt, irgendwann musste sie die Tür öffnen – und tat es doch nicht.

Maries Gedankengänge wurden zäh, müde, bald verwirrt, plötzlich sah sie einen Schlosshund vor sich, wie er heulte, den Kopf nach oben gereckt. Weshalb sprach man von einem Schlosshund, wenn es um dicke Tränen ging? So ein Hund war ja nicht irgendwer, er war etwas Besonderes, hatte sicher eine gewisse Würde, eine Position am Hof gehabt, ein edles Tier mit Stammbaum. Irgendwann aber hatte dieser Hund sehr heftig weinen müssen, was war geschehen? Es wird ihm ähnlich ergangen sein wie Marie, womöglich war er vor die Tür gesetzt worden, man hatte ihm seine Sachen hinterhergeworfen, den goldenen Fressnapf, den gemütlichen Hundekorb mit Decke, die leckeren Knochen zum Beißen. Da musste man doch weinen als armer Hund, wenn einem so viel Unglück widerfuhr, wenn alles verloren schien! Doch das kleine heulende Schlosshündchen mit Stammbaum sollte nicht jammern, sondern böse werden, nicht mehr edel und gut, sondern bissig wie ein Straßenköter. Sie hasste ihren Vater, sie hasste ihre untätige Mutter, sie hasste ihre dummen Brüder, sie hasste alles und jeden. Würde gern genau diesen Schlosshund auf sie hetzen, der würde denen den Arsch aufreißen.

Eine geschlagene Woche saß das Kind vor der Tür, rief nach Greta, schlief nachts im Elternhaus, aß wenig. Vergessen war die Ernte, Birnen und Äpfel verfaulten im Gras. Wenigstens ein paar von den Äpfeln und Birnen, die unversehrt geblieben waren, sammelte sie dann doch auf und brachte sie in den Keller.

Im Laufe der Woche ließ der Vater die gefällten Bäume in Stücke sägen und abtransportieren. Niemand verstand, warum er danach auch die Wurzeln dieser Bäume mit einem Bagger herausziehen ließ, eine mörderische Arbeit. Man hätte die Wurzeln auch in der Erde verrotten lassen können, selbst wenn sie Jahrzehnte zum Vermodern brauchten, ein Garten hatte Zeit. Warum die Umstände? Marie fragte den Vater, fragte die Mutter, fragte die Brüder, niemand gab ihr Antwort.

Greta graute es drinnen, Marie graute es draußen – würden sie auf die Leiche des Schweigers treffen? Er lag nur wenige Meter weiter in der Erde. Blass stand Greta hinter der Gardine am Fenster und beobachtete, wie diese Arbeiten in ihrem Garten erledigt wurden. Der Bruder schaute blöd grinsend zu ihr, die zur Tatenlosigkeit verdammt war.

Friedhelm litt darunter, was Greta durchmachte und noch durchmachen würde – in all der Zeit hatte er sie nie vergessen können. Er wusste, was der Bauer vorhatte, er hatte das prüfen lassen, es war rechtens. Greta durfte das Haus nutzen, Grund und Boden aber gehörten ihrem Bruder. Zu allem Übel war er als Beamter genötigt, den Verkehr zu regeln, wegen der vielen Fahrmischer, die nun ankamen. Als die Arbeiter ihre Frühstückspause einlegten und die Motoren schwiegen, brüllte der Bruder ihr von draußen zu, dass sie abhauen solle, ins Dorf ziehen, und zwar sofort. Hier sei kein Platz mehr für sie. Er machte jetzt sogar obszöne Gesten in ihre Richtung. Greta ließ sich provozieren, sie öffnete das Fenster und brüllte zurück: »Ich geh hier nicht weg, du Idiot!«

Der Bauer hatte es schon immer etwas schwerer gehabt im Leben, zum Beispiel beim Sprechen. Meist gab er kaum zu verstehende Regenrohrlaute zum Besten, statt ordentliche Sätze zu bilden. Er fühlte sich überlegen und spürte zugleich, dass seine Gedankengänge schlicht waren statt geistreich zu sprühen. Früher war er ein kleiner Schatz gewesen, Greta hatte sich um ihn gekümmert, ihm von klein auf Brei angerührt, ihm bei den Hausaufgaben geholfen, weil er so langsam lernte, ihn getröstet, wenn er von den Eltern geschlagen wurde. Später jedoch hatte der Spinner angefangen, sich vor seine Schwester zu stellen und sie anzubrüllen, sie sei dumm, doof, Abschaum, eine Gestörte, sie gehöre in eine Anstalt. Ihr gegenüber konnte er den Macker machen, seine Frau hätte ihm schon längst eine gelangt. Greta war wohl gar nicht konkret gemeint, sondern schien für ihn eine Art Platzhalter zu sein, Frauenhass war Tradition. Schon der Opa hatte seine Schwestern so behandelt, der Urgroßvater auch, und so weiter und so fort. Alle hatten das mitbekommen im Dorf, man hatte es belächelt, die Lenzens sind halt so, die ganze Familie hatte einen Knall, einen Schatten, wie man das so sagt, die waren alle miteinander nicht ganz dicht. Nun also wollte der Bauer seine Schwester fertigmachen, mit allen Mitteln. Er wollte ihr zeigen, wo der Hammer hängt und wer das Sagen hat in der Familie. Er war das. Und um das zu unterstreichen, würde er sich jetzt ein Denkmal setzen.

Die Leute aus dem Dorf waren zusammengekommen und glotzten, was bei denen im Unterdorf wieder los war. Weshalb hatte der Bauer gesunde Obstbäume gerodet, die waren doch der ganze Stolz von dem seiner bekloppten Schwester? Nun erzählten die informierten Glotzer den nicht informierten die Geschichte vom Mähdrescher und dem Wendekreis. Da nickten die Männer verständnisvoll: »Ach so. Na logisch, is klar. Wendemanöver müssen natürlich möglich sein auf einem Hof.«

»Nur wegen so einem Mäher reißt man doch keinen Garten ein, soll er auf der Straße wenden.«

»Verrückt ist der, jaja, schon immer gewesen.«

»Habe ich nicht gestern erst gesagt, dass der komplett irre ist?«

»Soll er doch bei der Kirche wenden! Fährt einmal da herum und zurück zum Hof, schon hat er das Monstrum gewendet.«

»Wie oft mäht denn so ein Drescher?«

An allen Ecken wurde davon gesprochen, in den Geschäften, auf dem Spielplatz, in der Kneipe.

»Im Grunde ist die ganze Familie bekloppt.«

»Nicht ganz dicht, seit Generationen sind die schon so.«

Selbst Maries ältester Bruder machte Witze, ohne zu begreifen, dass er selbst dazugehörte. Er mochte Tante Greta nicht, weil die nie was springen ließ. Andere Tanten spendierten ihren Neffen gern mal ein Bier oder einen Selbstgebrannten. Greta hatte nichts Alkoholisches für sie, die reichte den Neffen allen Ernstes gekelterten Kirschsaft. Konnte die keinen Most ansetzen oder Schnaps brennen? Und dann hatte die nicht mal nen Mann abgekriegt, das wird sicher ne Lesbe sein, haha! Der Neffe malte sich aus, wie es zwei Frauen miteinander treiben, dabei quiekte er wie ein kleines Ferkel.

Marie schimpfte über ihre Brüder. Sie konnte sich vorstellen, dass diese Burschen mit ihr irgendwann genauso umspringen würden. Man kannte sich kaum als vertraute Geschwister, schenkte sich nichts, weil alle ihren Anstand in der Tapetenhölle gelassen hatten. Marie hatte in dieser Zeit die Gesellschaft der Spinne genießen dürfen, das wird ihre Seele geschont haben. Dazu hatte sie eine Aufgabe, hatte sich mit den aufwendigen Bohrungen beschäftigt, die geschickt geplant und erledigt werden mussten, diese Erfindungsgabe hatte sie gerettet.

Ihre Mutter war ähnlich, die konnte träumen. Nur leider fantasierte die sich täglich weiter fort statt zu dem Mädchen hin.

Die Zahl der Glotzer wurde immer größer. Der Kaufmann reichte den Leuten zum ersten Mal in seinem Leben Kaffee *to go*, damit konnte er gut verdienen, ansonsten fand er *to go* bescheuert. Weshalb sollte man Englisch sprechen, obwohl man Deutscher war? Das war derselbe Scheißdreck wie die Lateinisch sprechenden Ärzte und die Deutsch sprechenden Japaner, davon hatte ihm Maries Vater erzählt. Die Einheimischen stellten für die Glotzer Klappstühle auf und nahmen Geld dafür, und die hielten die Digitalkamera bereit, falls es was zu filmen gab. Der Turnverein schmiss die Gulaschkanone an, endlich war mal was los. Die Straße war verstopft, niemand kam mehr durch. Schließlich fuhr ein Seilbagger mit Trümmerbirne auf, die Autos mussten weichen, Friedhelm hatte gut zu tun, kein zweiter Kollege kam zur Verstärkung, obwohl er das in der Stadt angefordert hatte. Die Glotzer hießen das schwere Gerät willkommen, es wurde frenetisch applaudiert.

»Was will der denn damit?«, fragte der Postbote.

Ein Bauer feixte: »Der Schwester eins an die Birne hauen.«

»Haha, jawoll«, grölte die Meute. »Birne hauen!«

Die meisten gingen aber davon aus, dass der Bauer noch immer bloß so tat: »Hier reißt niemand was ab, da ist doch noch seine Schwester drin.« Einige aber kannten den Bauern besser. Der alte Lehrer erinnerte die Menge an dessen schlechten Charakter, schon zu Schulzeiten sei der auffällig aggressiv gewesen.

Der Bauer gab nun dem Baggerfahrer ein Zeichen, den Motor abzustellen. Alle Gaffer horchten auf und schrien: »Ruhe!« Der Bauer brachte sich in Position und brüllte in Richtung der Gardine, hinter der er seine Schwester vermutete: »Greta, hör zu! Ich gebe dir jetzt genau eine Stunde, das Haus zu räumen. Nutze die Zeit, pack deine Sachen, ich bring dein Zeug in die neue Wohnung. Hinter den Höfen ist ein kleiner Acker für dich, geschenkt, kannste 'n Garten draus machen, mehr is nicht drin. In sechzig Minuten lass ich hier das Haus abreißen, ob du geräumt hast oder nicht, is das klar?«

Man konnte nicht sicher sein, ob Greta das Ultimatum gehört und verstanden hatte. All ihre Türen und Fenster waren verschlossen, die Vorhänge zugezogen. Niemand wusste, ob sie überhaupt irgendwas begriff. Die Gaffer hatten was zu reden, der Irre wollte tatsächlich das Haus einreißen, obwohl sich seine Schwester mitsamt ihrer Habe noch darin befand.

Marie war verzweifelt. Ausgerechnet heute waren ihre wenigen Freunde fort, die Pfarrerin fastete, Hugo war auf einem Lehrgang, die Bäckersleute auf Madeira zum Wandern. Von Greta hörte man nichts. »Vielleicht hattse sich längst 'n Strick genommen vor Kummer.« Marie begann zu weinen.

»Wenn, dann nimmtse Goldregen. Hat immer ne Portion dabei, weiß jeder.«

»Für nen Rausch.«

»Oder mehr, von dem Zeug kannste verrecken.«

Greta konnte auf ihre besten Freunde nicht zählen: Bäume, Gemüse und Kakteen sprangen nicht in die Bresche. Einzig die kleine Marie und Friedhelm waren auf ihrer Seite. Marie war noch ein halbes Kind und was sie von Friedhelm erwarten konnte, wusste sie nicht. Das Ultimatum lief ab. Die Leute zählten die letzten dreißig Sekunden lautstark runter: »Drei, zwo, eins, null!« Marie weinte noch heftiger, die Brüder lachten sie aus. Der Seilbagger startete den Motor. Der Baggerführer bekam vom Bauern den Befehl, mitsamt seiner Trümmerbirne loszulegen. Er brummte kurz mit dem Gaspedal, Marie warf sich dazwischen, rannte zum Haus, donnerte mit der Faust an die Haustür, klingelte Sturm und brüllte dabei: »Komm raus, Greta, komm schnell! Die haben Maschinen, die reißen das Haus ein, die sind total bekloppt.« Verzweifelt vor Sorge lief Marie eilig zu ihrer Mutter, die sie tatsächlich tröstete und streichelte, aber abwesend wirkte. Marie lief wieder zurück. Nichts geschah, drinnen im Haus blieb es still. Nun ging Friedhelm doch dazwischen, die Hand am Halfter stellte er sich breitbeinig vor das Haus. Maries Vater bestieg den Bagger, er baute sich auf wie eine Kühlerfigur. Der halbe Landkreis war hier versammelt, er durfte nicht nachgeben, würde sonst sein Gesicht verlieren. Deshalb gab er das Signal, mit dem Abriss zu beginnen. Die Arbeiter schauten erst sich an, dann zum Polizisten hin, schüttelten die Köpfe und stellten ihre Motoren ab. Die Menschenmenge schwieg.

Da hörte man Greta im Haus triumphierend singen:

»Bolle reiste jüngst zu Pfingsten, nach Pankow war sein Ziel. Da verlor er seinen Jüngsten, janz plötzlich im Jewühl.«

Die Leute lachten und stimmten mit ein:

»Ne volle halbe Stunde hat er nach ihm jespürt. Aber dennoch hat sich Bolle janz köstlich amüsiert, aber dennoch …«

Alles johlte und lachte. Der Bauer fühlte sich bloßgestellt, er fuchtelte mit den Armen und schrie heiser: »Stopft ihr das Maul!« Dem Baggerfahrer bot er extra Geld an, wenn er wenigstens einmal kurz dem Haus einen leichten Schlag versetzt. Ein Fensterchen könnte zu Bruch gehen, wenigstens das. Doch der Mann weigerte sich, eine alleinstehende Frau zu verängstigen sei unanständig. Der Seilbagger legte den Rückwärtsgang ein und verließ das Anwesen. Greta öffnete ein Fenster und sang laut zum Abschluss: *»Aber dennoch hat sich Bolle janz köstlich amüsiert!«* Die Leute applaudierten, der Bauer war der Dumme.

Der Bagger wurde jetzt umgerüstet, man tauschte die Abrissbirne mit dem Greifer, und der machte keine halben Sachen mehr. Auf Geheiß des Bauern riss er die Ligusterhecke am Grundstücksrand heraus, sie gehörte ihm, Friedhelm war machtlos. Greta stand immer noch am Fenster, eben noch gehässig, nun verstummt und aschfahl im Gesicht. Die schöne Hecke fiel, groß gewachsen, saftig grün, blickdicht, perfekt geschnitten. Den Glotzern ging es durch und durch, Gretas Leben wurde zerstört, der grüne Rahmen wurde ihr als Erstes genommen. Die Hecke hatte den Garten gegen die Dorfstraße abgeschirmt, jahrzehntelang ihren Dienst getan, nun zerrte der Bagger Meter für Meter aus dem Erdreich. Aus dem Haus hörte man schreckliche Geräusche, als würde jemand Greta foltern, ihr einen Dolch in den Bauch rammen, so furchtbar schrie sie, als sei sie selbst die Hecke, ihr Fuß eine Wurzel, ihre Hand ein Blatt.

Der Bruder wies ungerührt den Baggerfahrer an, den Motor abzustellen. Alle hörten Gretas Weh und Ach umso deutlicher. »Gib auf, du dumme Kuh, ich fahr deine

Stauden und Büsche heile zum neuen Grundstück, da kannst du sie wieder eingraben. Das Glashaus fahr ich auch da hoch, das ist mein letztes Angebot.« Danach hörte man nichts mehr, minutenlanges Schweigen von beiden Seiten. Maries Vater schaute auf die Uhr: »Allerletzte Warnung. Gib endlich nach!« Wieder verging einige Zeit: »Fünf, vier, drei, zwei, eins.« Alle Anwesenden lauschten gespannt, die Frauen hielten ihre Hände vor den Mund, um ihre Schreie zu ersticken, von Greta kein Ton.

Eine Hecke ist Privatsache, Friedhelm waren die Hände gebunden. Doch er konnte hier nicht untätig bleiben, es reichte ihm. Er zog seine Mütze ab, ging auf den Bagger zu: »Ihr seid doch Familie, das kannst du nicht machen, komm zur Vernunft.«

Schroff entgegnete der Bauer: »Ich hab ihr alles angeboten, neuer Garten, neue Wohnung, alles. Die dumme Kuh bleibt stur, sie zwingt mich, zu handeln.«

Friedhelm legte ihm die Hand auf die Schulter: »Deine Kinder haben alle hier im Garten gespielt, denk mal an deine Enkel.«

»Enkel?«

Nun geriet der Bauer endgültig außer sich. Friedhelm verstand es nicht, aber diese Enkelsache schien ein vermintes Feld zu sein. Er konnte den Bauern nicht aufhalten, als der nun seine Hand hob, woraufhin der Bagger langsam Richtung Garten fuhr.

Marie stellte sich der Maschine in den Weg, wieder musste ihr Vater sie stoppen lassen. Marie schlug auf ihn ein, boxte auf seinen Rücken, trat ihm gar vor das Knie. Er schüttelte sie ab, als sei sie ein junger Hund, der sich spielend am Bein festgebissen hat. Die Brüder johlten, als liefere ihr Fußballverein ein gutes Spiel ab. Sie fanden es krass, was hier abging. Sie hatten keinen Draht zu Greta, sie bewunderten den Vater, der so richtig fies war. Die Mutter konnte diese Spannung nicht aushalten. Das Kind litt, der Mann wütete, die Jungen feixten, das alles war zu viel. Sie ging ins Haus, war recht müde, Konflikte waren ihr zuwider. Sie träumte viel lieber von später, wenn sie eines Tages verreisen würde. Wohin könnte es gehen? Mit wem wäre sie zusammen? Es geschah so viel im Land des Konjunktiv, sie brauchte bloß starten. Vorher wollte sie aber noch einen Tee trinken, Griechischer Bergtee wäre schön.

Der Bagger riss das letzte Stück Hecke aus, anschließend machte er sich auf Geheiß des Vaters über den restlichen Garten her: Himbeerhecken und Johannisbeersträucher wurden herausgerissen und überfahren, Erdbeerpflanzen, der Salat, die Gurken, Bohnen, alles wurde samt und sonders zerstört und plattgemacht, ein von Ahnen und Urahnen versorgter Grund, sorgsam gegossen, vertikutiert und gedüngt. Für Marie aber war es ein Verbrechen, was der Vater da angeordnet hatte, er sollte dafür büßen, das schwor sie sich. Eines Tages würde er selber leiden wie ein zerstörter Garten, plattwalzen wird man ihn. Marie malte sich aus, was sie ihm sonst noch antun könnte. Obwohl der Goldregenbusch ebenfalls vernichtet wurde, gab es im Dorf noch andere Gärten mit Goldregen. Die reiften in Ruhe, sie würde beizeiten einige Samen einsammeln und trocknen.

Inzwischen kam der Bagger dem Vergissmeinnichtbeet bedenklich nahe. Marie blickte zu Friedhelm, der sich neben sie gestellt hatte. Wenn der nun ein Stück Leiche sähe, wäre alles aus. Marie hielt die Hand vor den Mund gepresst und betete wahrhaftig: »Wenn es dich gibt, bitte, dann mach, dass der Bagger einfach drüberfährt!«

Und das Vergissmeinnichtbeet hielt tatsächlich stand. Marie schaute staunend zum Himmel, seitdem meinte sie zu wissen, dass es tatsächlich einen Gott gab, auch wenn dessen Segen leider nicht allen galt, der Greifer fuhr soeben auf das Glashaus zu. Friedhelm ging mit Marie um die Ecke, sie sollte das nicht sehen, es würde sie zu sehr quälen.

»Greta!«, schrie das Kind. »Greta!«

Friedhelm schauderte, was musste Greta gerade durchmachen?

Die schönste Kakteenzucht des Kreises, wenn nicht des ganzen Landes, zu jeder Jahreszeit hatten immer mehrere Exemplare in voller Blüte gestanden, Sommer wie Winter – alles futsch. Zersplittertes Glas mischte sich mit feinsten Blüten, Sukkulenten platzten auf, Kakteen brachen auseinander. Greta hatte hinter der Gardine alles beobachtet, ihr Herz splitterte mit, ihr Magen platzte auf, die Nervenbahnen rissen entzwei, der Rachen brannte bitter, die Augen sehnten sich danach, blind zu sein. Sie schloss das Fenster, zog die Gardinen zu, zog die Schuhe aus, stellte sie unter das Bett, legte ihre Kleider ab, kroch unter die Decke und verstummte.

Verzweifelt ging Marie durch die Trümmer, betrachtete einen dicken Kaktus, in mehrere Teile gerissen, er war so beeindruckend groß gewesen, Schwiegermuttersitz genannt, über fünfzig Jahre alt. Er war noch von der Oma, das erste Stück der Sammlung, nun eines der Opfer. Greta hatte Marie erzählt, dass man aus den Stacheln gute Angelhaken machen könne, das hätten die Indianer so gemacht. Es gab Läuse, die sich nahe den Kakteen aufhielten, die man als roten Farbstoff für Lippenstifte gebrauchen konnte. Nun waren sämtliche Pflanzen futsch, jedes Exemplar eine enge Freundin von Greta. Sie fühlte sich persönlich getroffen, zerquetscht und geschnitten.

Marie war so wütend, dass sie erst den Arbeiter anspuckte und sich dann ihren Vater vornehmen wollte. Dieser hatte Macht und war doch eine erbärmliche Memme, zum Beispiel hatte er Angst vor Mäusen. Zugleich war er ihr Vater, sie liebte ihn automatisch, ohne je darüber nachgedacht zu haben. Nun aber wusste sie ganz sicher, dass er ein elender Nichtsnutz war, ein Idiot, längst hatte sie jeden Respekt für ihn verloren, schämte sich für ihn. »Eines Tages …«, zischte sie mit empört stockender Stimme und fuchtelte dabei nervös mit ihrem Zeigefinger unter seiner Nase. »Irgendwann …« Mehr brachte sie nicht raus.

Der Vater spuckte schon wieder: »Was willste?«

Er würde das noch mal bereuen, Marie hatte ihn auf dem Zettel. Die Jahre würden vergehen, die Verhältnisse sich irgendwann ändern, sie würde stark sein und ihr Vater schwach. Wenn es so weit wäre, würde sie ihn am Kragen packen und seine Flügel herausreißen oder ihn in der Sonne zu einem kleinen Hölzchen vertrocknen lassen.

»Was is?«, fragte er.

Es ging nicht, sie schwieg bloß.

»Ab nach Hause, Frollein.«

Nie wieder wollte sie zu dieser Familie gehören, ihr

Elternhaus war Feindesland geworden. Nicht nur der Vater, ihre Mutter genauso, sie hatte die Zerstörung des Gartens nicht verhindert. Gretas Tür blieb verschlossen, Marie hatte niemanden mehr. Sie legte sich zu den Kaninchen, weinte sich in den Schlaf, träumte davon, dass Greta bald losschlagen würde. Sie musste sich auf jeden Fall rächen, alle Feinde mit Goldregen vergiften, Eltern, Brüder, warum nicht gleich das ganze Dorf. Doch wenn Marie es sich recht überlegte, war so ein Giftmord viel zu leise, nicht spektakulär genug, sie malte sich eher ein Blutbad aus. Greta sollte ihren Bruder in die Jauchegrube werfen, darin waren schon eine Menge Bauern umgekommen. Noch einmal klopfte Marie an Gretas Haustür: »Bitte mach auf, ich bins! Stich meinen Vater ab, oder schlag ihn tot, ich helfe dir dabei!« Sie wartete einen Moment, nichts zu hören.

Sie ging wieder zu den Kaninchen und schlief weiter. Schweißnass wachte sie nach Stunden erneut auf, eine furchtbar unruhige Nacht. Hatte sie Greta tatsächlich angestachelt, ihren Vater zu töten? War sie denn verrückt geworden? Sie rannte zum Elternhaus, hastete leise in den ersten Stock, schaute ins Ehebett. Der Vater schlief tief, Marie fiel ein Stein vom Herzen. Sie schlich sich zur Seite der Mutter, irgendwer musste schließlich büßen. Sie wusste, dass der Ring neuerdings in der Nachttischschublade lag, stahl ihn mit klopfendem Herzen und legte sich wieder zu den Kaninchen, betrachtete ihre Beute. Ein wirklich schöner Ring, sie war nun ein reiches Mädchen. Marie würde ein geeignetes Versteck finden, so einen Schatz konnte man immer gebrauchen.

Früh am nächsten Morgen hockten auf Gretas Grundstück bereits etliche Bauarbeiter und werkelten vor sich hin. Auf den ersten Blick wirkte es, als spielten sie miteinander im Sandkasten, doch sie waren groß genug, um mit Sägen zu hantieren, Bretter auf die gewünschte Länge zu bringen, sie aufzustellen und mit ausreichend Holzpflöcken abzustützen, keinesfalls durfte sich etwas verformen. Kleine Mauern aus Holzbrettern umrandeten bald den ehemaligen Garten, hier sollte am nächsten Tag eine Betonplatte in Form gegossen werden, die später einen schweren Mähdrescher für alle Zeiten tragen konnte.

Über Nacht hatte die Zahl der Gaffer sich verdreifacht, Freunde und Verwandte der Einwohner waren informiert worden, sie reisten von Weitem an. Ein Zeitungsreporter war vor Ort, das Lokalfernsehen kam mal wieder zu spät, Szenen wurden nachgestellt. Es geschah ansonsten zu wenig in diesem Landkreis: Seniorentreff, Gymnastik, Kirche und Müllabfuhr bildeten üblicherweise die Höhepunkte eines Monats, sonst glich ein Tag dem anderen.

Alles war fertig eingeschalt, der Beton würde das Haus vollständig umgeben. Wenn Greta die nächsten Tage da rauswollte oder andere rein-, würde das Spuren im Beton hinterlassen. Der Bauer hatte geklingelt, geklopft, gebrüllt, gerufen, doch von drinnen hörte man keinen Ton. »Soll sie mich am Arsch lecken«, fluchte er und ließ die Türen verbarrikadieren.

Schon kamen die bestellten Fahrmischer, der Beton floss bald aus allen Rohren, eine Fuhre nach der anderen wurde ausgegossen und verteilt. Wo eben noch fruchtbare Erde gewesen war, bedeckte die Mischung nun alles und trocknete schnell. Der Vater war so stolz, dass er mit dem Finger seine Initialen und das Datum in den Brei hineinschrieb.

Aus Gretas Garten wurde eine Betonwüste. Mittendrin, wie auf einer winzigen Insel ausgespart, das kleine Haus, das ohne Rosenranken, Blumentöpfe, grünen Rasen und Beete nun furchtbar verloren dastand, derart nackt und schmucklos, es schien, als habe ein schwer kranker Allergiker dort sein Refugium gefunden. Das bisschen Erde, das aus dem handbreiten Abstand zwischen Beton und Haus hervorlugte, war ein schlechter Witz. Es wirkte, als schnappe das Häuschen einzig durch diesen kleinen Schlitz mit Mühe nach etwas Luft. Es würde nicht ausreichen, das Haus würde irgendwann ersticken, es hatte schon jetzt seine Seele verloren. Der Bruder hatte seine Schwester einbetoniert. Der einzige Vorteil war, dass der Schweiger unter dem Beton auf ewig verborgen lag.

Alle, die für Greta was übrig hatten, waren entsetzt darüber, wie es hier nun aussah. Der Kaufmann sprach es als Erster aus: »Was soll Greta denn machen ohne Garten? Die hat doch sonst nix im Leben!« Die Gaffer waren erstaunlich ruhig geworden. Sie verwandelten sich während der Betonierung in Trauergäste, die Männer zogen wahrhaftig ihre Mützen ab, die Frauen neigten ihre Köpfe, manche weinten gar. Selbst die Bauarbeiter schämten sich, man kann es nicht anders sagen. Selten hatte man so einen hässlichen Anblick gesehen, der Beton verschandelte nicht nur Gretas Grundstück, sondern den ganzen Ort! Nie wieder würde man an Wettbewerben wie *Unser Dorf soll schöner werden* teilnehmen können. Friedhelm schüttelte ein ums andere Mal den Kopf: »Ein Schandfleck von Betonrampe, wer genehmigt so was, nicht zu glauben.«

Der letzte Fahrmischer war abgefahren, das Spektakel vorbei. Gerade wollte man geschlossen in die Kneipe umziehen, als plötzlich ein gellender Schrei ertönte, er klang nach Tod und Teufel. Die Bäuerin kam gelaufen, brüllte, so furchtbar unglücklich und fassungslos war sie. Nichteingeweihte hätten gedacht, sie leide mit ihrer Schwägerin. Aber die Bäuerin und Greta waren keine Freundinnen, das wussten alle. Die Ehefrau schien beinahe irre geworden zu sein, die Haare zerzaust, packte sie ihren Mann, schüttelte ihn vor allen Leuten an den Schultern, trommelte mit ihren Fäusten auf seinem Brustkorb, kratzte ihm das Gesicht blutig. Irgendwas solle er ihr sofort zurückgeben, sonst könne sie für nichts garantieren.

»Was meint sie denn, was hat sie nur?«, raunte die Menge.

Der Bauer beteuerte, nichts genommen zu haben. Sie glaubte ihm nicht, weinte, schluchzte, verfluchte ihren Mann, bespuckte ihn gar, verpasste ihm einen Tritt nach dem anderen. Der Bauer ließ sich das bald nicht mehr gefallen, er knallte ihr eine, vor aller Augen.

»Buuuuuh!«, riefen die Zuschauer. »Frauen schlägt man nicht!«

»Die dusselige Kuh hat doch angefangen!«

Hugo, der inzwischen von seiner Schulung zurück war, tat das sehr leid, er fühlte sich der Bäuerin immer noch verbunden, nach allem, was zwischen ihnen gewesen war. Der schmächtige Finanzbeamte ging dazwischen, der Bauer haute nun ihn, einen Moment wurde Hugo schwarz vor Augen, er kam aber schnell wieder zur Besinnung und zitterte vor Schreck. Die Gaffer kamen voll auf ihre Kosten, was für ein epochaler Tag, noch Jahre würde man davon erzählen können. Die Bäuerin schlug ihren Bauern: »Gib mir sofort den Ring zurück, du dreckiger Dieb.« Der Vater hob beide Hände, wie ein Verbrecher vor der Polizei. Er beteuerte: »Ich hab deinen scheiß Kaugummiring nicht, ich schwörs!«

Der Ring! Die Metzgerin grinste breit und suchte den Blick ihrer Kundinnen, die Frauen nickten sich wissend zu: *Hab ich's nicht geahnt? Der Ring, mit dem stimmt was nicht!* Die Männer fragten nun ihre Frauen, um welchen Ring es ging und welchen Kaugummi, man redete und redete. Aber eins war sicher, der konnte nicht echt sein, die Bauern verdienten doch kaum was.

»Stimmt nicht!«, wusste ein anderer. »Die haben einen neuen Mähdrescher gekauft, die haben die Taschen voll.«

Der Metzger hielt dagegen: »So 'n Mähdrescher läuft auf Raten, und ein Bauer an sich hat kein Geld übrig für Ringe, und dann noch für die eigene Frau, das wär doch pure Verschwendung!«

»Das ist ne Fälschung, niemals ist der echt.«

»Wegen nem Kaugummiautomatenring macht man doch kein solches Theater.«

Die Bäuerin aber heulte weiter: »Der Scheißkerl hat mich beklaut!«

Nie im Leben würde er seiner Frau etwas wegnehmen, schwor der Bauer, erst recht nicht im Schlaf, und ganz sicher keinen Kaugummiautomatenring: »Was soll ich denn mit so nem Scheiß.«

»Du willst ihn einsacken, du Mistkerl!«

Vor allen Leuten durchsuchte nun die Bäuerin ihren

Mann, griff in jede Tasche, er ließ es lachend zu: »Liebchen. Ich hab mich wohl in letzter Zeit nicht gut genug um dich gekümmert. In Goslar ist bald Niedersachsentag, wollen wir beide dahin, was meinste? Da kaufe ich dir einen Ring, einen echten, na?«

Seine Frau griff nun in die Innentasche seiner Jacke und schrie gellend auf. Hielt einen Ring in die Luft, aber es war bloß ein Schlüsselring, alle konnten das sehen. Das Publikum lachte sich scheckig.

Marie empfand tiefe Genugtuung. Mit dieser zänkischen Frau an seiner Seite würde der Vater sein Lebtag nicht mehr froh. Den Ring hatte sie längst im Kaninchenstall versteckt, unter einem losen Brett. Dort sollte er auf sie warten, bis sie erwachsen war. Er sollte ihr Freifahrtschein werden, dazu ein wenig Proviant, ein guter Rucksack, beste Schuhe für einen langen Weg, weg von hier für immer.

Die Mutter schlug nun wieder auf den Vater ein, der wehrte sich nur noch kumpelhaft, lachte sie aus. Die Ehefrau schimpfte zum hundertsten Mal: »Du Sau hast mich bestohlen!«

»Herzchen, ich habe keinen Ring.«

»Von wegen, der war echt!«

»Wo sollst du so viel Geld herhaben, um dir echten Schmuck zu kaufen?«

Hugos Augenbrauen hoben sich, er schlich sich unbemerkt davon.

»Oder hast du nen anderen?«

Die Bäuerin wurde rot. Der Bauer schrie auf, wurde aggressiv, er ging dabei zu weit, die Lippe seiner Frau bekam etwas ab, sie blutete. Einige Glotzer bekamen sich jetzt ebenfalls in die Haare, Friedhelm musste eingreifen, pfiff schrill in seine Trillerpfeife, später sprach er ein paar Platzverweise aus, Pflaster wurden gereicht, Wunden desinfiziert.

Einige Tage hörte und sah man nichts von Greta. Wollte sie tatsächlich im Haus wohnen bleiben, obgleich der Garten zerstört war und der graue Beton sie umgab? Marie machte sich große Sorgen, sie quetschte sich durch ein Kellerfenster und drang ins Haus ein. All das durfte sie nicht, aber sie musste doch nach dem Rechten sehen. Sie rief, öffnete jede Tür und fand Greta schließlich zitternd unter ihrem eigenen Bett liegend. Marie legte ihr die Hand auf die eiskalten Finger, streichelte ihre Wange, Greta reagierte nicht. Marie zerrte sie da hervor, hievte sie in ihr Bett, all das benötigte sicher eine Viertelstunde schwerster Anstrengung, es war ja ein Erwachsenenkörper. Wie sollte sie sie bloß aus dieser Starre wecken? Marie fiel nur eine Lösung ein. Sie suchte im Haus die kleine versilberte Dose, zupfte das Kraut, drehte eine Zigarette, steckte sie an, es qualmte kräftig. Diesmal war es das Kind, das den Rauch tief einsog und der traumatisierten Tante in die Nase pustete, sodass sie einen ordentlichen Goldregenrausch bekam. Einige Zeit später lächelte Greta bereits ein klein wenig, Marie atmete erleichtert auf. Sie griff nach einem Glas Wasser und flößte der Tante etwas ein. Gott sei Dank nahm sie die Flüssigkeit an, bewegte sich ansonsten sehr langsam, sagte weiterhin keinen Mucks. Schleppte sich zur Toilette, wusch sich ein wenig, trank nochmals einen Schluck, legte sich wieder ins Bett. Starrte vor sich hin, schloss die Augen, ruhte sich aus.

Den ganzen Winter über hielt Greta quasi Winterschlaf, Marie flößte ihr Brei und genügend Tee ein. Der Arzt hatte sie im Blick, verordnete Stärkungsmittel, später kurze Spaziergänge an der Luft. Die Pfarrerin kam zweimal die Woche und sprach mit ihr. Greta reagierte nur sehr gemächlich, aber es ging bergauf. Sie hatte von der Pfarrerin eine CD mit afrikanischer Trommelmusik geschenkt bekommen, die Klänge wiederholten sich endlos, Greta wiegte sich langsam ein, schwang mit, vertraute sich bald auch den schnelleren Rhythmen an, lebte langsam wieder auf.

Ende April, an Maries dreizehntem Geburtstag, traf man sich im Pfarrgarten, Greta blieb fern, sie konnte ihrem Bruder nicht in die Augen sehen. Der saß zerknirscht herum, hatte seine eigene Frau zum Feind, die glaubte nach wie vor, er habe ihr den Ring weggenommen. Beide würden sich aneinander reiben bis zum Tod, auch eine Art Wärme, die in so mancher Ehe gepflegt wird. Es wollte auch niemand als sein Nachfolger den Hof weiterführen, seine Söhne hatten allesamt eigene Pläne. Die Anwesenheit der Pfarrerin nötigte allen ein anständiges Benehmen ab, die Konflikte wurden nicht ausgetragen, darum wurde in der Runde kaum ein Wort gesprochen. Der Vater wollte die Stille brechen, er meinte: »Der Attentäter war auch ein einsamer Mann, so gesehen.«

»Welcher Attentäter?«, wunderte sich die Frau.

»Von der Seles. Als das Mariechen auf die Welt gekommen ist.«

»Wer ist Seles?«

»Na die berühmte Tennisspielerin. Diejenige, die bei Maries Geburt abgestochen wurde.«

Die Mutter schüttelte den Kopf: »Bei uns ist doch keiner abgestochen worden! Was geht denn in deinem Kopf vor, wir feiern Geburtstag.«

Der Vater winkte ab. Er hatte in der Familie nichts mehr zu sagen, man verstand ihn nicht. Ehrlich gesagt würde er nur zu gern seine Frau abstechen, dann käme er ins Gefängnis und hätte seine Ruhe. Dort in seiner Zelle würde er Latein lernen, um mit den Ärzten mithalten zu können. Die Mutter wollte nun wissen, wann Marie nach Hause käme: »Du fehlst mir im Haushalt, es gibt viel zu tun.« Marie wollte nie wieder zurück, sie redete sich heraus, Greta müsse beobachtet werden, das sage auch Dr. Erbse. Bitterböse Blicke trafen den Vater von allen Seiten.

13

Fünf Ar, das sind gerade mal fünfhundert Quadratmeter, eine Pferdeweide am Ortsrand ohne Pferde, seit Langem nicht genutzt. Dementsprechend sah sie aus: von Unkraut und wilden Sträuchern überwuchert, übersät von dicken Steinbrocken und Unrat, der hier illegal abgeladen wurde, überall verrostete Fahrräder, Plastikeimer, Paletten. Da standen nun Marie und Greta, schauten sich das Elend an und schluckten betroffen – hier sollte also ihr neuer Garten entstehen. Greta hatte als Entschädigung Geld vom Bruder für neue Pflanzen zugesprochen bekommen, kleine Bäume, Stauden und Saatgut. Darüber hinaus musste er ihr ein neues Stück Land zur Verfügung stellen, wohnen konnte sie weiterhin in ihrem Haus, auch wenn es nun leider furchtbar aussah mit all dem Beton. In der zehn Zentimeter breiten Ritze zwischen Beton und Haus lugten erste winzige Grashalme hervor.

Als Greta dort am Feldweg stand und sah, was man ihr als Entschädigung zugemutet hatte, war sie fassungslos. Das Angebot ihres Bruders war eine Frechheit, der Boden trocken und hart, mit unfassbar vielen Steinbrocken versetzt. Kein Wunder, dass bisher niemand hier was angebaut hatte, das war schlicht unmöglich. Dass auf dem neuen Acker etwas Vernünftiges wachsen würde, schien undenkbar. Der Boden musste kultiviert werden, ein Zaun gezogen, oder besser noch ein Steinwall aufgebaut, wo sollten sonst die vielen Wackersteine hin. Ein Gartenhäuschen war vonnöten, um die Geräte vor Regen und Diebstahl zu schützen, und natürlich auch als Unterschlupf für die Menschen, die hier arbeiteten. Bis es so weit war, müsste man alles Nötige mit der Schubkarre dorthin und jeden Tag wieder zurückschaffen. Von einem Glashaus konnte sie nur träumen, hier draußen war das aussichtslos. Vandalen würden es täglich mit Steinen bewerfen und ihre kranke Freude am Leid anderer haben.

Marie stand neben Greta, suchte den Blick ihrer Tante. Hilflos fragte sie: »Was meinst du, Greta? Sollen wir erst mal den Goldregen einpflanzen? Damit du bald wieder was zu rauchen hast?« Ihre Tante blieb still. Natürlich vermisste sie die Goldregenräusche, hatte ja nun gar keinen Trost mehr. Sich freuen und weinen konnte sie auch nicht mehr, obgleich sie Kummer genug hatte. Was hatte sie Gutes zu erwarten, ein Kind, eine Traumatisierte, und dieser karge Acker, das konnte nichts werden.

»Wir sollten mit der Begrenzung anfangen«, schlug Marie vor.

Ein Steinwall sähe sicher gut aus, hielt ewig, die Oberfläche wäre bald recht schön vermoost. Doch wie sollte ein Mädchen solche Wackersteine heben, fragte sich Greta. Wann würde ihre eigene Kraft wiederkehren? Hier musste man zupacken können. Ratlos schlichen beide wieder heim, Marie ging heute zu ihren Eltern.

Dem Mädchen ging es gar nicht gut, jede Nacht träumte es von dem Greifer, der die Hecke aus der Erde zog wie einen faulen Zahn. Ein Albtraum, der wahr geworden war, kein Hirngespinst, das man im Morgengrauen verscheuchen konnte. Nie wieder würde die Welt so sein wie zuvor, niemals. Wenn sie bei den Eltern schlief, waren die Träume noch gruseliger als sonst.

Greta zog sich in ihr kahles Häuschen zurück. Vor dem Kind war sie tapfer gewesen, aber nun, allein in den eigenen vier Wänden, übermannte sie der Schmerz. Einbetoniert vom eigenen Bruder! Sie klagte den Tapeten ihr Leid, weinte und schrie. Trommeln, drängte sie sich selbst. Trommeln und Tanzen, jetzt sofort im Wohnzimmer. Sie hatte anständige Lautsprecher, drehte sie voll auf. Tanzen, bis die Glieder schmerzten, sonst würde sie ausrasten, rüberlaufen und ihren Bruder erwürgen. Greta hatte immer alles angepackt, den Tod der Mutter verwunden, viele Jahre Einsamkeit gemeistert, Anfeindungen ertragen. Das lag ja doch in ihr drin, diese Zähigkeit, der Optimismus in schwersten Zeiten. Nun aber fehlte ihr die Vorstellungskraft, sie schaute nur noch zurück, konnte den Verlust nicht verwinden. Jede Staude, jedes noch so kleine Kraut hatte sie täglich gestreichelt wie einen Freund, ja wie ein Kind. Sie hatte nicht mal die Gelegenheit bekommen, in den Scherben nach Ablegern von Kakteen zu suchen. Sterben wäre die Erlösung, sich mitsamt dem Unkraut auf den Kompost legen und langsam vermodern: »Auf gehts, großer schwarzer Vogel. Auf gehts!« Aber was würde dann aus Marie? Das Kind hinderte sie daran, sich fallen zu lassen, nicht mal dran denken durfte sie.

Doch sie hatte solch eine gefährliche Wut auf ihren Bruder, sehnte sich nach Rache. Sie wollte ihn zerquetschen, wie schön das wäre. Er sollte sich vorsehen, wenn sie sich begegneten, sie könnte die Nerven verlieren und zuschlagen. Sie könnte auch die Scherben ihres Glashauses zu Pulver mahlen und das Zeug ihrem Bruder als Brei einflößen, er würde an inneren Blutungen verrecken. Diese Mordgelüste hegte sie gern, dann schüttelte sie sich schnell, es waren bloß Gedanken, sie würde niemandem was antun. Doch wie sollte sie Frieden finden? Ihre Moral war mit ihrem Garten zerstört worden, von Glasscherben verletzt, vom Beton verschluckt.

Greta frühstückte, obgleich ihr nichts mehr schmeckte. Sie kam nicht zu Kräften, so sehr sie versuchte, sich zu beruhigen, es gelang ihr nicht. Jeder Gedanke kreiste um den Verlust ihres Gartens. Nie wieder würde es gut, nie wieder würde es ein Glashaus geben mit so vielen unterschiedlichen Gewächsen darin, nie wieder hätte sie einen bitteren Geschmack auf der Zunge oder einen süßen, einen saftigen, einen nahrhaften. Was sollte sie essen, was einkochen, was einkellern, wenn nichts mehr wuchs? Jeden Abend stand sie vor ihrem verlorenen Haus, legte Blumen oder Gräser auf den Beton, als sei das gesamte Grundstück ein großer Grabstein. Nichts geschah auf dieser Fläche, der Bruder fuhr nicht mal mit seinem vermaledeiten Mähdrescher darauf. Nun sollte er es doch genießen, was hinderte ihn? Klar, die Leute machten sich lustig, weil im Landkreis sonst nichts geschah, über das man reden könnte. So fuhren die Glotzer am Wochenende zu dem betonierten Garten, als sei er eine Attraktion.

Schließlich kamen die jungen Leute mit ihren Spraydosen und machten den Beton schön bunt. Friedhelm wurde auf zwei Männer aufmerksam gemacht, die ihm sicher bekannt seien. Diese waren in eine Scheune geflüchtet, als sie den Streifenwagen sahen. Doch sehr schlau waren sie nicht, die Beamten stellten eine ihrer Schablonen sicher. Die war aus Resten eines Paketes geschnitten, darauf befand sich eine in der Nähe gelegene Wohnanschrift. Man fuhr hin, die beiden Verdächtigen hatten gar noch Farbreste an den Händen. Einer der Sprayer war ausgerechnet Günter, Maries ältester Bruder, der geliebte Erstgeborene! Die Polizei ermittelte nun wegen Sachbeschädigung gegen die beiden, der Vater ermunterte Friedhelm lauthals, seinen missratenen Sohn mal für eine Nacht in eine Zelle zu stecken, damit der Kerl in Zukunft wisse, wo der Hammer hängt, der sei schließlich schon achtzehn. Aber diesen Gefallen konnte man dem Vater von Amts wegen nicht tun. »Herr Lenz«, mahnte Friedhelm, »so schlimm ist das nun auch nicht, die Schmiererei. Seien Sie nicht so streng.« Der Vater blieb stur und sperrte Günter zur Strafe eigenhändig zu den Ratten in den Keller. Jeder im Haus hörte dessen ängstliche Schreie, keiner wagte, ihm zu helfen. Kaum wurde der arme Kerl vom Vater freigelassen, packte er in Windeseile seine Sachen und verschwand für immer. Von da an wusste niemand, wo der Erstgeborene lebte oder wie es ihm ging. Fast keiner: Eugen war es, der die Reise seines Bruders finanzierten konnte. Er hatte seit Jahren eine Bande, die an Wochenenden in die Stadt fuhr und auf Diebestour ging. Eugen verriet seiner Mutter, dass Günter es in Australien oder Neuseeland versuchen werde, sie solle in diesem Leben nicht mehr mit ihm rechnen. Die Arme weinte bitterlich, Schuld hatte nur ihr Mann mit seinen Ratten.

Auch der Vater war von Kummer gezeichnet, er hatte seinen Erben verloren. Dass er ihn selbst vergrault hatte, verdrängte er. Sein Sohn war der Abtrünnige, und seine Frau war ebenfalls schuldig, weil sie ihn nicht davon abgehalten hatte, fortzugehen. Selbst der Zug war verflucht, der seinen Sohn in die Fremde gefahren hatte. Wer sollte nun den Hof erben, etwa die beiden Schwuchteln? Oder der kleine Eugen? Der war ein Dieb und Marie ein Mädchen, so was erbte sicher keinen Hof.

Der Bauer hatte also keinen würdigen Erben mehr, keine Freude am Mähdrescher, er pöbelte ohne Grund die Leute im Dorf an, hatte die Schnauze voll von allem, wurde aber nicht einsilbig, sondern geschwätzig wie nie. Ausgerechnet Marie vertraute er sich an, sie kam jeden Sonntag zu den Eltern zum Essen, anschließend musste sie bis zum Kaffeetrinken sein Geschwafel ertragen. Das war mit Greta so abgemacht, damit man sich nicht entfremdete. Marie hätte gern auf diesen Besuch verzichtet. Stundenlang schwadronierte er von Freunden und Feinden und besseren Zeiten oder beklagte die Ungerechtigkeit von irgendwas. Natürlich war Greta die Hauptschuldige, so hatte er sich das zurechtgelegt. Wenn er das zwei-, dreimal erklärt hätte, nun gut. Doch er kannte kein anderes Thema mehr, er kotzte sich aus, und alles landete bei Marie im Schoß. Die Mutter sprach kaum was, sie lebte wieder in ihren Träumen, lächelte versonnen und vergaß immer öfter, sich zu waschen und zu kämmen. Marie führte sie dann ins Badezimmer und half ihr dabei, ordentlich auszusehen. Es belastete sie, die Eltern so zu erleben. Sie floh aus dem Elternhaus und ging zu ihrer Tante.

In diesem Winter lebte Greta wie eine Pflanze, empfing Sonne und Regen, ernährte sich durch Fotosynthese und ab und zu von warmer Gemüsesuppe, die Marie ihr kochte, mit einem Stück Brot dazu, blieb jedoch sehr still – ohne Garten kein Leben, keine Heilung, so sah das aus. Marie dachte jeden Tag darüber nach, nahm die geliebte Tante mit auf Spaziergänge im Schnee. Sie hatte ein Buch besorgt und darin viel über Gartenkunst gelesen. Auch Greta zeigte sie die Bilder, sie reagierte zuerst wenig, wiegte den Kopf für Stunden. Der Neuanfang würde dafür sorgen, dass Gretas Traurigkeit nachlassen und mit der ersten Ernte ganz verschwinden würde, daran glaubte Marie fest. Sicher wäre viel zu tun, doch wenn beide die Ärmel hochkrempelten, war es zu bewältigen. Zusammen besuchten sie den vereisten Acker, den sie bald bearbeiten würden. Danach las Marie Greta daheim am Ofen Geschichten vor. Die Mutter hatte davon Wind bekommen, sie selbst las ja so langsam, nun kam sie zu Marie und fragte, ob sie auch zuhören dürfe. So las Marie nun zwei Frauen vor, die verwandt waren und sich kaum kannten, abgesehen von ihren ewig dummen Sticheleien. Nach Ende des ersten Liebesromans, der auf dem Land spielte, von Schweinen handelte und tragisch endete, weinten beide herzzerreißend, teilten ihre Taschentücher und fanden ein klein wenig zueinander.

An einem Montagmorgen im beginnenden Frühjahr entschied Marie, dass es losgehen sollte. Sie zwang Greta nun regelrecht, sich aufzuraffen, drückte ihr den Spaten in die Hand und schob sie langsam durchs Dorf in Richtung des Grundstücks. Nach wenigen Minuten ließ Greta bereits gleichgültig den Spaten fallen. Marie musste nun zwei Spaten tragen und Greta mit Müh und Not voran-drängen, sodass es aussah, als würde Greta gescheucht wie eine Kuh. Das alles hatte Friedhelm zufällig beobachtet, er war in Zivil, hatte Urlaub und keine Lust, wegzufahren. Er ging zu den beiden und fragte das Mädchen, wo es denn mit der Tante hinwolle.

»Aufs Grundstück, neuen Garten machen.«

Friedhelm wunderte sich: »Es gibt bessere Böden in der Gegend.«

»Paps hat nur den.«

»Darf ich mit?«

Marie nickte.

Als sie am Acker angekommen waren, wandte Greta sich angewidert ab, sie wollte das Elend nicht sehen, zu Recht. Und Friedhelm dachte laut: »Das hier soll ein Garten sein? Wohl eher eine Zumutung!« Wie sollte hier was wachsen, fragte sich auch Marie. Sie würden sehr viel Dünger brauchen und Sand zum Lockern des Bodens. So hätte auch Greta denken können, doch sie schien schrecklich abwesend, verzog keine Miene. Dachte nicht an Arbeit, nicht an Geld für Materialien oder Pläne für den Anbau. Sie wirkte wie eine Maschine, die man abgestellt hatte. Greta ohne Strom.

Marie platzierte ihre Tante erst mal auf einem rostigen schiefen Gartenstuhl, der im Graben gelegen hatte, von hier hatte Greta sowohl das Dorf als auch das Grundstück im Blick. Sollte sie sich erst mal an den Ort gewöhnen. Fürsorglich legte Friedhelm eine Wolldecke über Gretas Beine und Marie streichelte sie, als sei ihre Tante ein kleines Kind. Die nahm die Zärtlichkeit wahr, lächelte gar ein wenig.

»Marie, das ist nicht gut für dich«, meinte Friedhelm. »Du musst zur Schule, du solltest lernen und lesen, nicht einen Garten im Nirgendwo bauen, bei aller Liebe.«

»Ich bin für alle Liebe und Schule, und du bist für alle Liebe und Polizei.«

Er musste lächeln, was für ein ungewöhnliches Mädchen.

»Ich verstehe. Soll ich helfen?«

»Sollst nicht, kannst aber, wenn du Zeit hast.«

Greta saß unterdessen da und starrte ins Leere. Friedhelm schauderte, niemand wusste, ob sie wieder gesund werden würde. Nur Marie war sich sicher, zumindest wollte sie ihr Bestes geben. Der neue Garten mit Früchten, Blumen und Bäumen würde Greta aufmuntern. Sie mussten hier ein erstes Beet anlegen, den Anfang eines neuen Lebens wagen, vielleicht erst mal zwanzig Meter lang und fünf bis sechs Meter breit, oder zehn. Marie zog ein Seil, markierte ihre Planung, Länge mal Breite, nicht zu klein, nicht zu groß. Gedanklich bereits aufgeteilt in fünf Unterbeete, das war wichtig, wegen der Fruchtfolge, so viel war ihr bekannt.

Erst mal wollte Marie eine Furche rund um das gedachte Beet schaufeln, etwa zwei Spatenstiche tief, als eine Art Rahmen für ihre Unternehmung. Also wuchtete sie den Spaten in den Grund, kam aber mit der Schneide nicht durch das Gras, das hier wucherte. Sie stellte sich auf den Spaten, schaukelte hin und her, doch die Erde war steinhart, durchzogen von Wurzeln und Kraut, tiefer als zwei oder drei Zentimeter kam sie beim besten Willen nicht. Nach Stunden mühsamer Anstrengung hatte sie gerade mal an der Grasnarbe gekratzt, der Schweiß lief ihr an den Schläfen herunter, sie schnaufte mächtig, gab aber nicht auf, schaute zu Greta, die weiter hinten saß wie ein steinernes Denkmal.

Marie war ernüchtert, so schwer hatte sie sich das nicht vorgestellt. Nicht mal Erwachsene würden das ohne Weiteres meistern, hier mal eben einen Garten anzulegen. Es würde sehr schwierig werden und Zeit kosten, aber Schritt für Schritt würde sie es schaffen – musste es schaffen, sonst würde Greta eingehen wie eine Primel. Ihre Tante brauchte ein fruchtbares Beet, sie sollte sich aufraffen, den Spaten selbst in die Hand nehmen und ganz die Alte werden. Dafür brauchte sie den Garten, sonst nichts. Solange sie so dumpf dort saß, musste Marie ihre Aufgaben übernehmen. Also ran!

Am folgenden Tag ging es weiter, erst in die Schule, dann mit Greta zum Acker. Die Hände brannten, Blasen bildeten sich. Ein Fortschritt war nicht erkennbar, nicht mal eine Handbreit Gartenerde war vom Spaten freigelegt. Jeder andere hätte hier längst kapituliert, nicht aber Marie. Sie ließ sich nicht entmutigen, obwohl sie kaum vorankam. Tag für Tag kratzte sie bis zum Abend am Lehmboden, kam nur Zentimeter weit und schlich wieder heim, bald furchtbar erschöpft und niedergeschlagen. Weiterhin entstanden Blasen an der Hand und an den Fingern, die kurze Zeit später platzten und höllisch wehtaten. Ihr Nacken wurde immer und immer wieder hart von der Arbeit, der Rücken meldete sich wiederholt. Sie war ständig gezwungen, Pausen einzulegen, bis nach Tagen die Wunden verheilten oder der Nacken sich entspannte. Doch Marie schonte sich nicht. Kaum verwunderlich, dass sie an der Qual im Garten Freude fand: Während der Arbeit spürte sie keine Rückenschmerzen, keine Sorgen wegen Schimmel oder Hitze, nicht mal mehr diesen brennenden Groll gegen den Vater. Sie hatte abends eine angenehme Schwere, schlief tief und freute sich auf den nächsten Tag im Trott, weiter, immer weiter. Arbeiten und für die Schule lernen.

Und immer zerrte sie die Tante hinter sich her, ließ sie sitzen, den Blick Richtung Dorf, gab ihr zu trinken, zu essen. Maries einziger Gesprächspartner war wohl oder übel der Spaten: »Jaja, ich weiß Bescheid, ein verdammt harter Boden, aber wenn wir langsam und stetig graben, kommen wir voran, wir haben ja Zeit, es drängt uns niemand. Geduld kann man lernen.« Geduld hatte Marie, Unmengen Geduld, die Dorfbewohner staunten nur, wie sie sich in die Arbeit warf. Marie musste die gesamte Grasnarbe des ersten Beetes abheben, dafür stach sie jeweils Stückchen ab, die etwa halb so groß waren wie die Spatenfläche. Fünf Zentimeter unterhalb der Wurzeln wuchtete sie den Spaten parallel zum Grund hinein, was kaum zu schaffen war. Sie wiederholte unzählige dieser Stöße, um in die Erde zu kommen, und rüttelte mit dem Spaten, bis sie das Gras in rechteckigen Stücken abheben konnte. Diese sogenannten Soden stapelte sie auf die Schubkarre und fuhr ihre Last an den Rand des Feldes, wo sie sie ablud und stapelte. Diesen großen Haufen wollte sie später zudecken und das Gras kompostieren, damit sie irgendwann den Gartenboden wieder auffüllen konnte. Marie jätete, schleppte schwere Steine, begann damit, die Mauer zu bauen, war ständig in Bewegung.

Ihre frühere Handarbeitslehrerin meinte: »Kind, so eine Arbeit ist doch nix für dich, geh lieber spielen. Schau, die Greta merkt eh nichts mehr, ist so ein neuer Garten noch die Mühe wert? Bei Aldi kriegst du billiges Gemüse.«

Marie schaute sie kopfschüttelnd an: »Und Sie, Sie kaufen Pullover bei KiK?«

Die Lehrerin lachte: »Eins zu null!«

Schon immer war Greta für einen Sonderling gehalten worden, hatte nur wenige Freunde im Dorf. Nun aber machte man sich Sorgen, Greta hatte ja doch ein schwerer Schlag getroffen. Der Kaufmann brachte ihr beinahe jeden Tag einen heißen Kaffee am Feld vorbei, Greta schlurfte die Tasse tatsächlich leer und nickte, den Blick zu Boden gerichtet, mehr ging nicht. Eine Lehrerin setzte sich hin und berichtete ihr die Neuigkeiten aus dem Dorf, der Turnverein treffe sich, die Feuerwehr feiere ihren sechzigsten Gründungstag, freundlicherweise hatte sie sogar Obst mitgebracht. Marie bedankte sich in Gretas Namen für den Besuch und die Gaben. Eine andere Lehrerin schmierte Vesperbrote und ließ Marie einen zweiten Gartenstuhl da, damit sie sich auch mal ausruhen konnte von der schweren Arbeit. Friedhelm baute den beiden ein Wohnzelt auf, so waren sie geschützt gegen Regen und brennende Sonne. Tage später kam der Bäcker und brachte Rasenkanten aus dem Baumarkt. Die wollte Marie mit Friedhelm gemeinsam in die Erde setzen, wenn das erste Beet fertig war. Wieder ein anderer Dorfbewohner kam mit einer Thermoskanne Kräutertee und einem Klapptisch, das war mal eine nützliche Idee. Der Postbote schliff den Spaten mit einem groben Schleifstein scharf, um das Umgraben zu erleichtern. Die Ortsbürgermeisterin hatte Stauden übrig, der Organist Dünger, die Bäckerin Saaten und die Pfarrerin brachte öfter mal einen Kuchen für den Magen und ein paar Worte der Ermutigung für die Seele. Ein Säufer brachte Greta wahrhaftig eine Flasche Rotwein, ein paar kleine Kinder schenkten den beiden Schokolade und Kaugummi. Ein Bauer kam mit einer Ladung Mist als Geschenk und zeigte Marie, wie sie den später in der Furche untergraben sollte, das würde dem Boden helfen, lockerer zu werden. Eine Witwe schenkte Greta alte Waschbetonplatten, auf denen sie später im Garten gehen und stehen konnte, um nicht ins Beet treten zu müssen, die fünf Reihen würden einen prima Fruchtwechsel ermöglichen. Man klopfte Marie anerkennend auf die Schulter und nickte Greta mitfühlend zu. Viele Dorfbewohner hatten Ratschläge für Marie, manchmal nahm einer den Spaten und grub: »Menschenskind, ist das ein trockener Acker, Marie! Dein Vater hätte dieses Grundstück hier draußen betonieren sollen, verdammt noch mal, ist das ein steinharter Grund!«

Marie schmiedete Pläne. Auf dem ersten großen Beet sollte Salat wachsen, weiter hinten Bohnen und Radieschen. Kräuter unbedingt, alle möglichen: Borretsch, Kerbel, Kresse, Petersilie, Pimpinelle, Sauerampfer und Schnittlauch. Dann Tomaten und Kürbis. Irgendwann würden Sträucher dazukommen, Beeren, Gemüse oder Obst, und zuletzt würde das hier ein Garten mit allem Drum und Dran werden. Sogar Obstbäume würden dort stehen, genau solche, die der Vater gefällt hatte, Äpfel, Birnen, Kirschen. Es würde Zeit brauchen, bis sie Früchte trugen, aber eine Gärtnerin musste geduldig sein, sonst hatte sie diesen Namen nicht verdient.

Wann immer es das Wetter erlaubte, waren sie dort auf dem Flurstück, das sie im Dorf »Knochen« getauft hatten. Marie grub nach der Schule, wenn die Hausaufgaben erledigt waren. Deklinierte im Rhythmus der Hacke Vokabeln oder sang Lieder dazu. Das hatte sie mal in einem Film über Sklaven in Amerika gesehen. Greta stimmte manchmal ein, dieses Singen tat ihr gut, sie sang mit dem Kind, schnappte nebenbei englische Ausdrücke auf. So schnell Marie lernte, so langsam ging es mit dem Garten voran, allein weil das Unkraut ständig aus dem Boden schoss und das Ungeziefer störte. Greta erklärte, dass kein einziges Kraut die Vorsilbe »Un« verdient habe, es gäbe kein Unkraut, sondern nur sehr viele verschiedene Kräuter. Sie tröstete das Unkraut, bevor sie es aus der Erde zupfte und im Korb sammelte: »Es tut mir wirklich leid, aber hier könnt ihr nicht bleiben.« Bei Kräutern, die tiefe Wurzeln geschlagen hatten und sich sträubten, gejätet zu werden, staunte sie: »Mein lieber Mann, ihr wollt hier wirklich nicht weg, Donnerwetter.« Oft sagte sie auch ohne ersichtlichen Grund: »Allerhand, allerhand!« Dennoch mochte Marie keine Disteln im Salat.

Nicht nach Monaten, nach einem Jahr war das erste große Beet endlich fertig, beinahe zeitgleich mit Maries fünfzehntem Geburtstag. Ein selbst gebackener Kuchen stand auf dem Tisch, sie hatten Gäste eingeladen: Die Eltern waren da, Hugo, der Bäcker und seine Frau, eine Lehrerin. Und Friedhelm natürlich, er war ja sowieso beinahe jeden Tag hier und tätschelte Gretas Hand. Dass sie dieses

Fest veranstaltet hatte, war das schönste Geschenk für Marie. Greta lächelte: »Wo ist bloß die Zeit geblieben?«

Marie wusste es: »Im Garten.«

Inzwischen hatte sie das zweite große Beet in Angriff genommen, es ging viel besser als beim ersten, sie hatte inzwischen Routine. Und doch schmerzten die Glieder wie beim ersten Mal, wieder brennende Hände, gekrümmter Rücken. Dennoch feierte man jeden kleinen Fortschritt an Ort und Stelle. Bei der Begutachtung von Hugos Goldregen kam Greta interessiert dazu, berührte den Busch, nahm ein Blatt, zerrieb es zwischen ihren Fingern, schnupperte und leckte daran. Ihre Augen leuchteten auf.

Eines Tages erschien wahrhaftig Maries Mutter im neuen Garten, mit der Hacke in der einen Hand und einem Spaten in der anderen. Und obgleich sie nicht mehr über die Arbeitskraft jüngerer Tage verfügte, gab sie ihr Bestes, um für ihre Tochter Erdkrumen zu kratzen. Die beiden tauschten einen kurzen Blick, nickten sich zu, damit war alles gesagt, Marie würde ihr nichts anvertrauen. Dabei hätte ihre Mutter ihr vieles beibringen können, was sie noch nicht über den Gartenbau wusste. Die fragte irgendwann mal bei der Arbeit, wann sie denn aus der Schule entlassen werde, die Pflichtjahre müssten doch bald vorbei sein.

»Oder bist du mal sitzen geblieben?«

»Ich brauch einfach noch ein bisschen.«

Sie wollten noch miteinander ein drittes Beet beginnen, doch ein früher Wintereinbruch kam ihnen in die Quere. Marie war manchmal frustriert, wie langsam es voranging. Die Mutter konnte sie trösten, jeder Mensch auf einem Feld sei erschöpft und ungeduldig, man müsse die endlose Arbeit wie eine Welle im Meer betrachten, ein Kommen und Gehen, das niemals aufhört. Weder das Rauschen des Meeres könne man abstellen noch die Schmerzen im Rücken. Der Winter sei die Zeit der Ruhe, der Pflege der Geräte und des Körpers. Die kleinen Dinge seien nun angesagt. »Und streng dich in der Schule mal an, damit das ein Ende hat. Wir brauchen dich im Feld.«

Marie lehnte sich an den gemütlich warmen Kachelofen und lernte Vokabeln, befasste sich mit Ableitungen und kam gut damit zurecht. Hatte das Periodensystem der Elemente intus, las Bücher, die die Lehrer empfahlen, und solche, die die kleine Bücherei parat hatte. Greta begann wieder mit Handarbeiten, das hatte sie im Winter schon immer gerne getan. Sie bot Marie an, ihr einen Pullover zu stricken. Im Nu hatte sie ein blau-weiß geringeltes Teil gefertigt, Marie stand es wunderbar, alle lobten Greta. Die Zwillinge fragten, ob sie vielleicht für beide bunte Mützen mit Schal fertigen könnte? Wieder meckerte die Mutter, das sei zu bunt für Buben. Marie sagte genervt: »Mama, krieg das endlich mal auf die Kette, dass die Jungen Zwillingsmädchen sind.«

Die Mutter zeigte den Vogel: »Ihr spinnt doch. Das ganze Dorf lacht euch aus!«

Die beiden grinsten diese Einwände weg: »Wir wünschen uns Pink und Hellgrün.«

Greta begann mit der Arbeit, danach strickte sie an einem dicken Norwegerpullover für ihren Bruder. Es fiel ihr besonders schwer, diesem Abschaum Gutes zu tun, aber einer musste ja anfangen mit dem Frieden. Er war sprachlos, als er das Geschenk bekam, schüttelte aber Greta feierlich und gerührt sehr lang die Hand. Die Mutter bekam Wochen später einen roten Mohairpullover, Günter wurde ein tiefschwarzer Pullover nach Übersee gesandt. Eugen wäre glückselig gewesen, wenn man sein Teil mit Stacheldraht hätte stricken können, zumindest bekam er einen Schal, in den der Slogan *Fick dich* eingearbeitet war. Der Vater verstand die Welt nicht mehr, er konnte keines seiner Kinder leiden, alle seien anders als er.

»Zum Glück«, meinte seine Ehefrau lakonisch.

Der Bauer wischte sich mit der Hand übers Gesicht, eine Geste, die er oft machte, als wolle er etwas fortwischen. Damit war aus seiner Sicht alles gesagt.

Auch wenn sie sich in der Familie etwas entgegengekommen waren, mit denen Weihnachten zu feiern kam für Greta nicht infrage, da wollte sie für sich sein. Selbst wenn sich ihr Bruder in Asche wälzen würde, Greta würde nie vergessen, was geschehen war. Sie hatte seine Kinder gern, besonders natürlich Marie. Auch die Zwillinge verwöhnte sie, die hatten Solidarität wahrlich nötig. Die Dorfgemeinschaft konnte nur schwer ertragen, dass Gottes Garten sehr, sehr groß war. Es kam vor, dass irgendwelche Wirrköpfe im Dorf Peter und Paul verkloppten, weil sie Transen waren. Da mischte sich Greta massiv ein, schimpfte wie ein Rohrspatz. Bunt oder schwarz, mit und ohne Schminke, Titten oder Pimmel, Frau oder Mann oder was dazwischen, alle sollten gedeihen dürfen, das war ihre Überzeugung. In der Natur flossen die Geschlechter auch gern mal ineinander, statt rigoros abgegrenzt zu sein. Doppeltgeschlechtliche Tulpen wurden auch nicht verhöhnt, waren in Hollands Plantagen und Gewächshäusern gang und gäbe.

Als der erste Frost sich als feinster Puderzucker zeigte und um Mitternacht alle fest schliefen, schlich sich Marie aus dem Haus. Wieder und wieder musste sie die Härte des Betons spüren, mal glatt, mal etwas rissig, um glauben zu können, dass es wirklich passiert war. Was für eine Schande! Was war aus den Regenwürmern geworden, die da drunter gelebt hatten? Wieso wurde der Vater nie für diese Verschandlung geschimpft, verurteilt, angeklagt? Das ganze Dorf war dadurch hässlich geworden. Ausgelacht hatten sie ihn – aber reichte das als Strafe? Durch die dünne Schneedecke zog sie mit den Schuhsohlen Linien, wo vor der Zerstörung die Gartenwege verlaufen sein mussten, dachte nach, wo welche Stauden oder Bäume gestanden hatten, welches Beet womöglich wo gewesen war. Wo der Schweiger seine letzte Unruhe gefunden hatte, wusste sie sehr genau, auch an dieser Stelle verweilte sie kurz. War das gerecht, was ihm geschehen war? Marie streichelte den Beton, wo früher die Hecke gestanden und der Goldregen geblüht hatte. Der wunderschöne gelbe Schatz, der die Mutterkuchen der Ahnen gehütet hatte.

So sehr sie es wollte, da draußen auf dem Beton verlor Marie den Glauben, dass der neue Garten je etwas Besonderes werden würde. Nach und nach begriff sie, dass ihre Gartenarbeit nie enden würde. Sie würde erwachsen werden und sich weiter ins Zeug legen, doch der neue Garten würde nie so schön werden wie der alte. So was entstand ja nicht in einer Saison, sondern in Jahrzehnten. Ihr Vater war ein Zerstörer. Wieder und wieder stieß der Groll ihr sauer auf, brannte im Magen, verätzte den Schlund. Aber einer musste doch den Anfang machen, bläute sie sich ein, düngen, pflanzen und säen! Sie wollte mithelfen, die Betonierung vergessen zu machen. Gärtner und Gärtnerinnen sind die Optimisten des Universums, sie behalten unverdrossen das zukünftige Blühen im Auge, statt an den stinkenden Mist zu denken, den man heute untergräbt. An die Steine, die man herauslesen muss aus der Erde, an das täglich wuchernde Unkraut. Marie atmete tief durch, verließ den Beton, ging zurück in ihr Federbett, Kraft tanken.

14

Greta war endgültig über den Berg. Marie hatte ihr einen neuen Garten geschaffen, in dem sie aufblühen konnte. Inzwischen machte ihre Tante lange Spaziergänge mit Friedhelm. Wenn Greta ihn sah, stieg ihre Körpertemperatur, und wenn er an sie dachte, wurde er schusselig, verlegte seine Kelle oder fand den Schlüssel zum Waffenschrank nicht wieder.

Bei aller Schufterei im Garten hatte Marie in den ganzen Jahren gute Schulnoten bekommen, womöglich gar *wegen* der Schuftereien an der frischen Luft. Sie hatte Fremdsprachen gelernt, gelesen, gerechnet und geschrieben. Greta war fest davon ausgegangen, dass Marie auf Lehramt studieren würde, eine sichere Sache, wenn möglich hier in der Nähe. Doch die junge Frau hatte eigene Pläne. Beim Kofferpacken sprach sie endlich darüber: »Ich habe ein Stipendium in Mathematik.«

Greta schien wie vor den Kopf gestoßen: »Keine Sprachen?«

Marie hatte sich lange nicht getraut, das zu sagen: »In Berlin.«

»So weit weg?«

Greta konnte es nicht glauben. Die Mutter stand daneben und schnappte nach Luft: »Moment mal, wer soll studieren?«

Bis eben hatte sie geglaubt, ihre Tochter sei drei Mal sitzen geblieben. Machte ja nichts, sie selbst war auch keine Leuchte gewesen, vom Vater ganz zu schweigen, den Realschulabschluss hatten sie passabel geschafft. Aber Studieren?

»Ihr habt mich nicht aufs Gymnasium gehen lassen. Da hab ich's heimlich getan.«

Die Mutter guckte ungläubig: »Bis welche Klasse?«

»Ich hab Abitur.«

Die Mutter verstand die Welt nicht mehr.

Ganz früh am Morgen zwitscherten die Singvögel, als seien sie besoffen. Marie hatte einen neuen Garten angelegt, Abitur gemacht und ein Stipendium ergattert, ihre Hände waren zu Pranken geworden. Was würden die neuen Berliner Freunde denken? Ihre erste Liebe würde sie kratzen müssen statt streicheln, genau wie Gretas Hände alle Sorgen fortkratzten.

Der Garten war fertig, sie war so stolz: »Sieht gut aus, ne?«

Greta nickte anerkennend: »Aber wie!«

Einen Moment lang standen sie da.

»Pass auf dich auf«, sagte Greta schließlich und umarmte Marie. »Wenn ich bloß Geld für dich hätte, wenigstens für den Anfang.«

Da flüsterte Marie ihrer Tante etwas ins Ohr, die daraufhin bass erstaunt war: »Du hast ihn? Ist er was wert?«

»Ein paar Tausend, reicht für den Anfang.«

Der ganze Ort redete über nichts anderes, Lenzens Greta und Marie hatten es geschafft. Manche waren schon bei ersten Erfolgen vorbeigekommen, heute versammelten sich alle und gratulierten. Brachten frisch gebrühten Kaffee mit Gebäckstückchen oder kühle Limonade. Der Ortsvorsteher sprach feierliche Worte, brachte einen Apfelbaum als Geschenk, der feierlich eingepflanzt wurde. Es wurde ein Foto für die Lokalzeitung gemacht. Die Mutter war nun doch stolz auf ihre Tochter, suchte Blickkontakt zu ihrer Schwägerin, nickte ihr freundlich zu. Der Vater kränkelte, er war daheim geblieben.

Greta hatte sich in den vergangenen Jahren sichtlich verändert. Mehr als zuvor sprach sie mit den Menschen, lachte sogar. Wenn sie Friedhelm sah, blühte sie auf. Greta wurde von der Gemeinschaft umsorgt, einer brachte einen eigens geflochtenen Korb, ein anderer grub einen Brunnen nahe der Pferdewiese, die Erlaubnis zur Bohrung kam vom Ortsbeirat. Die Einladung zur Silberhochzeit des Postboten ging nicht an Maries Eltern, die Mutter litt darunter, den Vater schien das kaltzulassen.

Friedhelm fragte Greta, ob er ihr einen kleinen Gartentraktor schenken dürfe, das werde ihre Arbeit sehr erleichtern. Sie würde ihre Geräte nicht mehr vom Haus zum Garten schleppen müssen, sondern fahren. Später könnte sie ohne Mühe ihren Rasen damit mähen, der würde ja auch kommen, oder nicht? Greta wollte schon ablehnen, ohne nachzudenken, weil sie das immer so gehalten hatte. Bequemlichkeit und Hilfe anzunehmen fiel ihr schwer. Friedhelm sah es schon kommen. Er nahm all seinen Mut zusammen, kniete sich nieder, nahm ihre

Hand und fragte: »Greta, möchtest du mit mir den Gartenmäher teilen?«

»Ja«, stammelte Greta und gab ihm endlich einen Kuss. Friedhelm pfiff eine Melodie, als er beschwingt nach Hause eilte, um Greta den Traktor zu bringen.

Die Fahrten durchs Dorf waren für Greta reine Freude, der Fahrtwind eine willkommene Erfrischung. Kinder liefen ihr johlend hinterher, manchmal hielt sie an und ließ einige der Rotznasen mitfahren. Im Winter würde sie Schlitten an die Zugmaschine hängen, das würde allen Spaß machen. Sie war keine Unheimliche mehr, nach der man Steine warf, sondern Tante Greta mit dem Babytraktor.

15

Marie hatte das Mietauto auf einem Feldweg abgestellt und ging langsam durch ihre alte Heimat. Sie kam vielleicht einmal im Jahr zu Besuch, hauptsächlich wegen Greta und Friedhelm. Die Bauern, die früher große Milchbetriebe besaßen, hatten die Ställe inzwischen umgebaut und vermieteten sie als Ferienwohnungen. Es gab keinen Laden mehr, keinen Bäcker, nichts. Lebensmittel kauften die Leute online oder in den Supermärkten der umliegenden Städte. Die Menschen vereinsamten vor ihren Fernsehern, unter der legendären Linde saß niemand mehr.

Der Beton sah so jung aus wie am ersten Tag, nur an manchen Stellen leicht mit dunklem Schimmel überzogen. Das kleine Haus stand verloren da, man hatte es irgendwann weiß getüncht. Darin lebten mal Leiharbeiter aus Osteuropa, die in zwei Schichten auf den Feldern schufteten, mal Nachtarbeiter oder blinde Mieter, die sich nicht davon stören ließen, wie elend hässlich das Haus da im Beton stand. Marie dachte, was sie immer schon gedacht hatte: Was für ein Wahnsinn! Was war nur damals in den Vater gefahren? Was war das für ein Blick in dessen stumpfe Seele! Enorm haltbar war der Untergrund auf jeden Fall.

Sie begrüßte Eugen, der den Betrieb inzwischen führte. Er bereitete sie vor: »Wenn er dich überhaupt erkennt. Es kann jeden Moment vorbei sein.«

Station und Zimmernummer erfuhr sie am Empfang. Ein eifriger Stationsarzt brachte sie auf den aktuellen Stand, Blutwerte des Vaters, Verdauung. Er läge in einem kleinen Einzelzimmer, weil er andere Kranke angepöbelt habe: »Ist das wesensfremd, oder war Ihr Vater schon früher so renitent?« Marie stöhnte vielsagend auf. Sie bat darum, bei dieser Begegnung mit ihm allein sein zu dürfen.

Regelrecht übel war ihr, als sie über den Flur ging. Eigentlich wollte sie ihn gar nicht mehr sehen, musste sich zwingen, es würde ja ein Abschied für immer sein, da musste sie sich zusammenreißen. Vielleicht hatte er ja noch was Versöhnliches zu sagen oder würde sich sogar entschuldigen. Die Schwester verkauft, auf das Mädchen nicht aufgepasst. Hätte der Schweiger …? Es war und blieb eine tiefe Wunde.

Sie öffnete die Tür, trat ein. Auf den ersten Blick war ihr klar, dass es ihm gar nicht gut ging. Er schnaufte angestrengt, bekam Sauerstoff zur Erleichterung. Lag allein in dem winzigen Zimmer, um ihn herum etliche Kartons, eine Stehleiter, zwei Infusionshalterungen, als sei das Zimmer eine Abstellkammer.

»Vater, ich bins, Marie.«

Er hustete: »Wer ist da?«

»Marie!«

Er krächzte freudig erregt: »Günter? Bist du's?«

Schon jetzt wäre sie gern wieder gegangen: »Ich bins, Marie. Ich bin hergereist, um dich …«

»Wer ist da?«

Sie musste brüllen: »Marie!«

»Kenn ich nicht.«

Marie atmete tief durch, es war furchtbar: »Ich bin deine Tochter, die Jüngste.«

Jetzt dämmerte es ihm: »Die immer erstickt ist als Kind.«

»Genau die. Sag mal, Vater, ich …«

Er fiel ihr ins Wort: »Wo ist Günter? Ich will ihn sehen.«

Marie hätte schreien können, wäre sie nur nicht gekommen.

»Hör mir zu, Vater, mir liegt was auf dem Herzen. Du hast Greta an einen fremden Mann verkauft. An den Franzosen.«

»Was hab ich?«

Sie sprach lauter: »Greta an einen Mann verkauft. Wegen deiner Spielschulden.«

»Ich? Vergiss es.«

Sie hatte sich so sehr vorgenommen, es nicht zu tun, aber nun weinte sie doch.

»Das vergesse ich sicher nicht, so was verjährt nicht. Ich geh damit zur Polizei. Greta wird aussagen.«

Der alte Mann brüllte los, mehrfach unterbrochen von einem Hustenanfall: »Die ist geil gewesen. Verrückt ist die gewesen nach Männern, die Greta. Außer Rand und Band. Geld hat sie genommen dafür.«

Marie wandte sich ab. Kein Wunder, dass Greta sich das nicht anhören wollte.

Es war jetzt doch zu viel, er schnappte nach Luft, wurde ganz blau. Sie sollte jemanden rufen, blieb aber untätig, starrte ihn nur an, wie er keuchte, langsam erstickte, ganz ohne Zutun. Der Schlund der Familie Lenz war einfach zu klein, ein Erbmerkmal. Sie konnte ihn nicht an den Beinen packen, um ihm kopfüber auf den Rücken zu klopfen. Er röchelte nun schon recht heftig, die Augen panisch aufgerissen. Sie schaute sich um, wo war hier eine Klingel? Wollte niemand nach ihm sehen? Seine Gesichtsfarbe änderte sich bedenklich, das Bett bebte von seinem Krampf. Sollte sie seinen Tod billigend in Kauf nehmen? Sie brauchte bloß zu warten, er röchelte inzwischen schon leiser.

»Vergiss ihn«, sagte sie zu sich selbst.

Marie rief das Pflegepersonal, der Vater überlebte den Anfall. Sie blieb noch ein paar Tage, um den einen oder anderen aus der alten Heimat zu sehen, genoss die Gespräche mit Greta und Friedhelm und den Blick auf den Garten, den sie eigenhändig angelegt hatte. Er war großartig geworden. Mittendrin ein Goldregen, wie er im Buche stand.